中国产业智库报告
中国社会科学院工业经济研究所

中国产业发展和产业政策报告
（2013~2014）

黄群慧　黄速建　王　钦　肖红军　等/著

经济管理出版社
ECONOMY & MANAGEMENT PUBLISHING HOUSE

图书在版编目（CIP）数据

中国产业发展和产业政策报告（2013～2014）/黄群慧等著 . —北京：经济管理出版社，2016.10
ISBN 978 - 7 - 5096 - 4839 - 1

Ⅰ.①中…　Ⅱ.①黄…　Ⅲ.①产业发展—研究报告—中国 ②产业政策—研究报告—中国　Ⅳ.①F121

中国版本图书馆 CIP 数据核字（2016）第 315097 号

组稿编辑：陈　力
责任编辑：陈　力　舒　林
责任印制：黄章平
责任校对：王淑卿

出版发行：经济管理出版社
　　　　　（北京市海淀区北蜂窝 8 号中雅大厦 A 座 11 层　100038）
网　　址：www. E - mp. com. cn
电　　话：（010）51915602
印　　刷：三河市延风印装有限公司
经　　销：新华书店
开　　本：787mm×1092mm/16
印　　张：15
字　　数：170 千字
版　　次：2016 年 12 月第 1 版　　2016 年 12 月第 1 次印刷
书　　号：ISBN 978 - 7 - 5096 - 4839 - 1
定　　价：48.00 元

《中国产业发展和产业政策报告(2013~2014)》
课题组

课题组负责人：

黄群慧　中国社会科学院工业经济研究所研究员、所长

黄速建　中国社会科学院工业经济研究所研究员

课题组执行负责人：

王　钦　中国社会科学院工业经济研究所

肖红军　中国社会科学院工业经济研究所

课题组执笔人：

王　欣　王　钦　邓　洲　叶振宇　刘建丽　江飞涛

肖红军　贺　俊　黄阳华　霍景东

目　录

1 工业发展总体状况

1.1 工业增速调整下滑

工业经济增速下滑。2013 年，全部工业实现增加值 210689 亿元，较 2012 年增长 7.6%，增幅较 2012 年下降 0.1 个百分点，其中，规模以上工业增加值增长 9.7%，工业增加值占 GDP 的比重为 37.0%，较 2012 年下降 0.5 个百分点。工业增速虽然下滑，但仍然是国民经济增长的主导力量。分行业看，2013 年，规模以上工业中，农副食品加工业增加值比上年增长 9.4%，纺织业增长 8.7%，通用设备制造业增长 9.2%，专用设备制造业增长 8.5%，汽车制造业增长 14.9%，计算机、通信和其他电子设备制造业增长 11.3%，电气机械和器材制造业增长 10.9%。六大高耗能行业增加值比上年增长 10.1%，其中，非金属矿物制品业增长 11.5%，化学原料和化学制品制造业增长 12.1%，有色金属冶炼和压延加工业增长 14.6%，黑色金属冶炼和压延加工业增长 9.9%，电力、热力生产和供应业增长 6.2%，石油加工、炼焦和核燃料加工业增长 6.1%（见图 1-1-1）。分月度看，2013 年上半年工业增加值增速较为稳定，低于 2012 年同期水平，下半年有所增长，规模以上工业 8～11 月增速达到 10.0% 或以上，超过 2012 年同期水平，但 12 月重新下滑至 10% 以下且低于 2012 年同期水平（见图 1-1-2）。

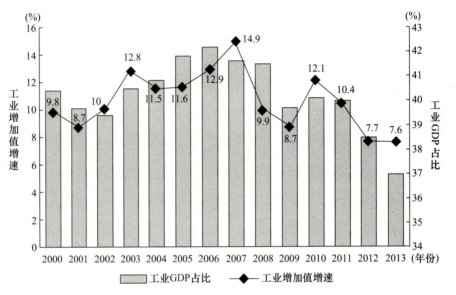

图 1-1-1　2000～2013 年全部工业增加值增速和工业占 GDP 比重情况

注：增速按不变价格计算。

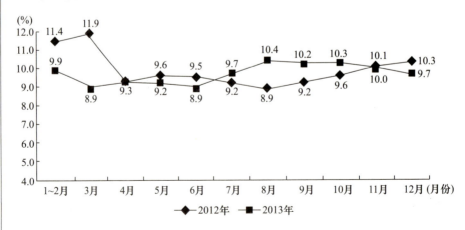

图 1-1-2　2012～2013 年规模以上工业增加值分月增速

　　部分工业产品产量增速有所回升。受宏观经济影响，2013年大多数工业产品产量增速较"十一五"平均水平下降，但与2012年比较，部分产品产量增速明显提高。分产品看，乙烯、汽车、大中型拖拉机、家用空气调节器、移动通信手持机等产品产量增幅最明显，分别较2012年提高11.8、10.1、11.6、13.0和18.9个百分点；农用化肥、微型计算机设备等产品产量降幅最明显，分别较2012年下降21.0和15.5个百分点（见图1-1-3）。

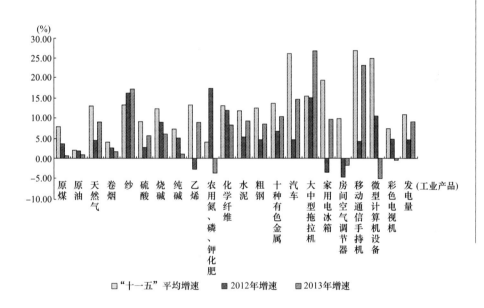

图1-1-3　2013年主要工业产品产量增速（与2012年、"十一五"平均比较）

　　工业投资回落。2013年，全国工业固定资产投资181991亿元，较2012年增长17.8%，较2012年增速回落1.9个百分点；工业固定资产投资占全部固定资产投资（不含农户）的40.8%，较2012年下降0.5个百分点，"采矿业"、"制造业"、"电力、热力、燃气及水生产和供应业"固定资产投资分别为

14651 亿元、147705 亿元和 19635 亿元，较 2012 年分别增长 10.5%、18.6% 和 17.8%，增速分别较 2012 年回落 2.8、2.7 和提高 4.04 个百分点，采矿业和制造业投资增速的下降是造成工业总体投资回落的主要原因。

1.2 产业结构调整优化

高技术产业比重提高。2013 年，规模以上医药制造业，航空、航天器及设备制造业，电子及通信设备制造业，计算机及办公设备制造业，医疗仪器设备及仪器仪表制造业等高技术产业主营业务收入 116048.9 亿元，出口交货值 49285.1 亿元，分别较 2012 年增长 13.5% 和 5.5%，占全部规模以上工业主营业务收入和出口交货值比重为 11.20% 和 43.7%。

淘汰落后产能取得进展。2013 年，工业和信息化部推动出台了化解产能严重过剩矛盾的指导意见，严禁新增产能，优化存量产能。加快淘汰落后产能进度，19 个工业行业 1569 家企业的落后生产线已实现关停。全国共淘汰电力落后产能 544 万千瓦、煤炭 14578 万吨、炼铁 618 万吨、炼钢 884 万吨、焦炭 2400 万吨、铁合金 210 万吨、电石 118 万吨、电解铝 27 万吨、铜（含再生铜）冶炼 86 万吨、铅（含再生铅）冶炼 96 万吨、锌（含再生锌）冶炼 19 万吨、水泥（熟料及粉磨能力）10578 万吨、平板玻璃 2800 万重量箱、造纸 831 万吨、酒精 34 万吨、味精 29 万吨、柠檬酸 7 万吨、制革 916 万标张、印染 32.2 亿米、化纤 55 万吨、铅蓄电池（极板及组装）2840 万千伏安时。

1.3 技术创新稳步推进

研发投入稳步增长。2013 年，中国研究与试验发展（R&D）经费支出 11846.6 亿元，较 2012 年增长 15.0%，占国内生产总值 2.08%，较 2012 年提高 0.1 个百分点，其中基础研究经费 554.9 亿元，较 2012 年增长 11.3%。2013 年，规模以上工业企业 R&D 经费内部支出 8318.4 亿元，较 2012 年增长 15.5%，占主营业务收入比重为 0.80%，较 2012 年提高 0.03 个百分点。2013 年共安排 3543 项科技支撑计划课题，2118 项"863"计划课题，截至 2013 年，累计建设国家工程研究中心 132 个，国家工程实验室 143 个，国家认定企业技术中心 1002 家。对创业创新支持力度有所增大。2013 年，全年国家新兴产业创投计划累计支持设立 141 家创业投资企业，资金总规模近 390 亿元，投资了创业企业 422 家。

专利申请数量和技术交易市场扩大。2013 年，共受理境内外专利申请 237.7 万件，其中境内申请为 221.0 万件，占 93.0%。受理境内外发明专利申请 82.5 万件，其中境内申请为 69.3 万件，占 84.0%。全年授予专利权 131.3 万件，其中境内授权为 121.0 万件，占 92.2%。授予发明专利权 20.8 万件，其中境内授权为 13.8 万件，占 66.6%。截至 2013 年底，有效专利为 419.5 万件，其中境内有效专利为 352.5 万件，占 84.0%；有效发明专利为 103.4 万件，其中境内有效发明专利为 54.5 万件，占 52.7%。全年共签订技术合同 29.5 万项，技术合同成交金额 7469.0 亿元，比上年增长 16.0%。

重大项目顺利推进。2013 年，实施工业强基工程和战略性新兴产业发展，新材料、高端装备制造、生物医药等研发及产业化稳步推进，节能和新能源汽车推广应用有序开展，TD-LTE系统和终端达到全面商用水平，物联网应用领域不断扩大。认定了80家国家技术创新示范企业和32家国家级工业设计中心。修订了一批行业标准，21项我国提案正式成为国际标准。"嫦娥三号"任务圆满完成，军工核心能力建设成效显著，军民结合产业加快发展。

1.4 对外交往取得进展

工业品出口增速有所下滑。2013年，规模以上工业实现出口交货值112824亿元，较2013年增长5.8%，增速较2012年下滑1.2个百分点。分产品看，2013年，纺织纱线、织物及制品，服装及衣着附件，鞋类，家具及其零件，手持或车载无线电话等产品出口增长较快，出口额较2012年分别提高11.7%、11.3%、8.4%、6.2%和17.3%；煤（包括褐煤）、集装箱、汽车（包括整套散件）等产品出口显著降低，出口额较2012年分别降低33.1%、6.4%和5.3%。机电产品和高新技术产品出口占全部货物出口的7.3%和9.8%。

利用外资有所放缓，对外投资显著增长。2013年，工业领域实际利用外资483.5亿美元，较2012年回落了5.6%，采矿业、制造业和电力、燃气及水生产和供应业实际利用外资分别为3.6亿美元、455.5亿美元和24.3亿美元，分别较2012年回落53.2%、6.8%和增长48.2%，采矿业和制造业利用外资下降是造成工业实际利用外资下滑的主要原因。同时，工业领域对外投资显著增长，2013年，工业领域对外直接投资326.9亿美元，较 2012 年增长 35.4%，采矿业，制造业，电力、热力、燃气及水生产和供应业对外投资分别为 248.1 亿美元、72.0 亿美元和 6.8 亿美元，分别较 2012 年提高 83.2% 和下降 17.0%、64.8%，采矿业对外投资的急速增长是工业对外投资增长的重要原因。

1.5 两化融合深入发展

制订实施了两化融合专项行动计划，启动编制企业两化融合管理体系标准。推动出台并加快实施"宽带中国"战略，截至 11 月底，全国 4M 及以上宽带用户占比达到 77.4%。引导民间资本进一步进入电信业取得突破，批复了 11 家企业开展移动通信转售业务。推进网络与信息安全保障体系建设，启动实施电话实名制登记，改进互联网行业管理，完成重大活动通信、无线电和网络信息安全保障任务。

2 工业发展水平评估

2.1 工业发展指数

2.1.1 指数构建

本报告从工业生产效率、绿色发展、技术创新、国际竞争力和增长等五个维度构建工业发展指数。生产效率采用 Sequential – Malmquist – Luenberger（SML）生产效率指数，绿色发展选用能源效率、废水排放产出强度、废气排放产出强度等三个二级指标分析，技术创新包括创新投入和创新产出两个方面四个指标，国际竞争力采用国际贸易竞争力指数，工业增长则选用工业增加值增长率（见表 2 – 1 – 1）。关于工业发展指数构建详细内容参见附录 1。

表 2 - 1 - 1　工业发展指数指标体系

一级指标	二级指标	指标说明	单位
生产效率	Sequential - Malmquist - Luenberger 生产效率指数	数据包络分析（DEA）计算	
绿色发展	能源效率	工业总产值/能源消费总量	万元/吨标准煤
	废水排放产出强度	行业总产值（可比价）/废水排放量	元/吨
	废气排放产出强度	行业总产值（可比价）/废气排放量	万元/标立方米
技术创新	专利申请数		件
	R&D 人员占比	R&D 人员/从业人员	%
	R&D 强度	R&D 经费/销售收入	%
	新产品销售收入占比	新产品销售收入/产品销售收入	%
国际竞争力	国际贸易竞争力指数	净出口额/贸易总额	—
增长	工业增加值增长率		%

报告分别给出了环比和（以 2005 年为基期）定基发展指数，指数构建步骤如下：

首先，计算行业发展水平。采用德尔菲法确定五个评估维度基准权重：生产效率、可持续发展、技术创新、国际竞争力和增长的权重分别为 0.25、0.25、0.20、0.18、0.12。计算行业发展指数时，结合各行业特征，对基准权重进行调整，以更为准确地反映行业真实发展水平。

其次，计算工业发展指数。利用上一步计算得出的行业发展指数，以 2011 年各行业工业总产值占样本工业总产值之和的比重为行业权重，计算工业发展指数。

最后，使用因子分析法验证主观权重法和客观权重法计算的工业发展指数是否具有一致性。

报告选择了 14 个重点制造业行业作为样本，涵盖了国民经济行业分类（GB/T 4754 - 2002）中的 16 个行业。2011 年，相关部门对国民经济行业分类（GB/T 4754－2002）进行了修订，最新版的国民经济行业分类（GB/T 4754－2011）中将交通运输设备制造分为汽车制造，铁路、船舶、航空航天和其他运输设备制造业两个行业，为了保证行业口径的一致性和可比性，2011 年以后的工业发展指数计算时将汽车制造，铁路、船舶、航空航天和其他运输设备制造业加总，继续采用交通运输设备制造这一口径。

工业发展指数指标时间跨度为 2005～2012 年，[①] 数据来自历年《中国统计年鉴》、《中国工业经济统计年鉴》、《中国环境统计年鉴》、《中国人口和就业统计年鉴》、《中国科技统计年鉴》和第三次全国经济普查数据等，国际贸易数据来自联合国 COMTRADE 数据库，按照联合国贸易统计的 HS 编码与国民经济行业分类对照表，将联合国 COMTRADE 数据库中按产品统计的国际贸易数据转换为国民经济行业的国际贸易数据。

2.1.2 发展水平评估

2005～2012 年，工业发展定基指数在增长中趋稳。2005～2009 年，中国工业发展定基指数增长较快，2009 年达到峰值 142.0，随后，工业发展指数稳中有降。[②] 2012 年，工业发展定基指数下降至 133.9。

从环比计算的工业发展指数来看，2006 年以后，中国工业环比指数趋于下降，表明中国工业发展面临挑战不断增加，逐步进入转型升级深水区，这种趋势持续到 2010 年。受全球经济

---

① 除效率指标外，在评价指标中其他维度的指标都可以较为直接地使用统计数据，或者利用统计数据经过计算得到。关于生产效率指标测算详见附录 1。

② 由于效率指标的计算方法由传统 Malmquist 生产效率指数改为 Sequential－Malmquist－Luenberger 指数，所以 2009 年之前的工业发展指数与《中国产业发展和产业政策报告（2011）》略有不同。

逐步复苏的影响以及我国重点产业调整与振兴及培育和发展战略性产业政策的拉动，2011年和2012年，工业发展环比指数开始反弹（见图2-1-1）。

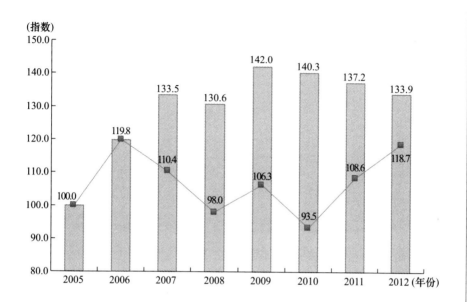

图2-1-1 中国工业发展指数（2005~2012年）

分维度定基指数表明，2008年之后，增长指数持续下降是拉低中国工业发展指数的主要因素。效率指数和国际竞争力指数稳中有降，表明以创新驱动国际竞争力提升的中国工业发展面临较大挑战。2005年以来，绿色发展指数快速增长，表明中国工业绿色发展水平快速提升，创新指数正在稳步提升。

分维度环比指数显示，2012年工业发展各维度指数涨落不一。其中，效率、增长和国际竞争力指数均出现负增长，创新和绿色发展指数转为正增长，中国工业发展质量有所提高（见图2-1-2）。

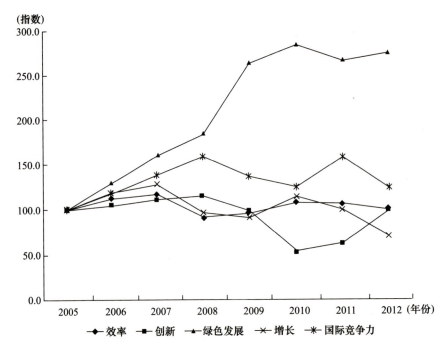

图 2-1-2　工业发展指数各维度指数变化（定基）（2005～2012 年）

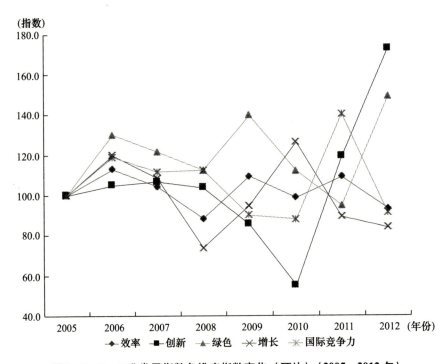

图 2-1-3　工业发展指数各维度指数变化（环比）（2005～2012 年）

2012 年行业指数表明，14 个代表性行业中发展指数环比超过 100 的行业分别为纺织服装、鞋、帽，石油加工、炼焦及核燃料，化学原料及化学制品，黑色金属冶炼及压延，有色金属冶炼及压延，电气机械及器材等（见图 2-1-4）。

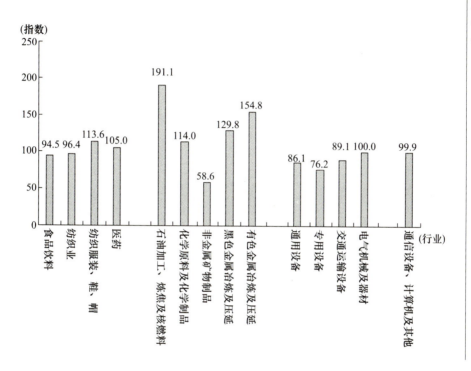

图 2-1-4　行业环比发展指数（2012 年）

2.2　效率

2012 年，中国制造业各行业平均 SML 生产效率指数为 93.2，生产效率呈现下降趋势。2012 年，从行业层面看，在所分析的 14 个工业行业中，生产率变化呈现分化态势。生产率上升的行业有食品饮料工业，纺织服装、鞋、帽制造业，石油加工、炼焦及核燃料工业，黑色金属冶炼及压延业。生产率下降的行业有纺织工业、化学原料及化学制品业、医药工业、非金属矿物制品业、有色金属冶炼及压延工业、通用设备制造业、专用设备制造业、交通运输设备制造业、电器机械及器材制造业，通信设备、计算机及其他设备制造业（见图2-2-1）。

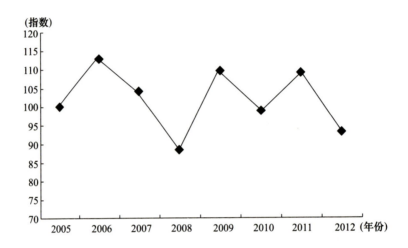

图2-2-1　2005～2012年各行业平均全要素生产率变化指数

2.3　增长

2013年，工业经济增长呈现企稳态势，固定资产投资实际增速稳中有升，消费需求实际增速略有下降，外需增长实际增速下降，工业经济运行整体呈现企稳态势，仍保持较快增长（见图2-3-1）。

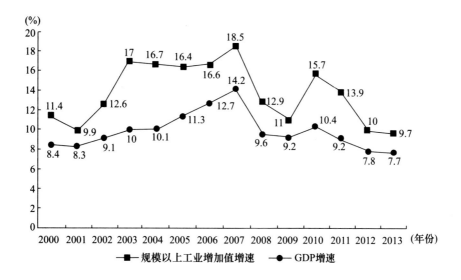

图 2 - 3 - 1　国民经济和工业经济增速

　　2013 年工业经济增长呈现企稳的态势。2013 年，规模以上工业增加值比上年增长 9.7%，较"十一五"期间平均增速下降 5.2 个百分点，较 2012 年下降 0.3 个百分点。2013 年，1~2 月、3 月规模以上工业增加值同比增速分别下跌至 9.9% 和 8.9%，4 月至 6 月规模以上工业增加值同比增速分别为 9.3%、9.2%、8.9%，7 月上升至 9.7%，8 月规模以上工业增加值同比增速上升至 10.4%，9 月下跌至 10.2%，10 月至 12 月规模以上工业增加值同比增速分别为 10.3%、10.0%、9.7%。从三大门类看，采矿业规模以上工业增加值比上年增长 6.4%，电力、热力、燃气及水生产和供应业规模以上工业增加值比上年增长 6.8%，增速低于工业整体水平，制造业规模以上工业增加值比上年增长 10.5%，增速高于工业整体水平。

2.4 技术创新

我国成为全球第二大 R&D 经费支出国。2010～2014 年，我国 R&D 经费平均增长速度达到 14.8%，是全球 R&D 经费大国中增长最快的国家。2013 年，我国 R&D 经费总量为 11846.6 亿元，超过日本跃升为全球第 2 大 R&D 经费国家，但是我国 R&D 经费仍不到美国的一半（约 42%）。我国 R&D 经费投入强度达到 2.01%，比 2010 年上升了 0.32 个百分点，高于欧盟 28 国平均 1.92% 的投入强度，达到中等发达国家 R&D 经费投入强度水平。在建设创新型国家中企业发挥着越来越重要的作用，企业 R&D 经费投入主体地位进一步增强。2013 年，我国 R&D 经费中企业投入资金为 8838 亿元，占 R&D 经费的 74.6%。财政科技拨款达到 6185 亿元，占财政总支出的 4.41%（见图 2-4-1）。

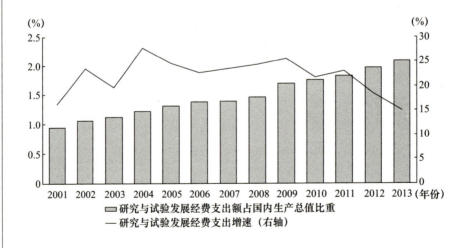

研究与试验发展经费支出额占国内生产总值比重
—— 研究与试验发展经费支出增速（右轴）

图 2-4-1 研究开发经费增速和研发强度（2001～2013）

公共技术基础设施不断完善。2013 年，国家安排了 3543 项科技支撑计划课题，2118 项"863"计划课题。累计建设国家工程研究中心 132 个，国家工程实验室 143 个，国家认定企业技术中心 1002 家。全年国家新兴产业创投计划累计支持设立 141 家创业投资企业，资金总规模 390 亿元，投资创业企业 422 家。

国内专利申请结构进一步优化。2013 年，我国发明专利申请量占专利申请总量比重五年来首次超过 1/3，达到 34.7%。发明专利授权量比上年出现小幅下降。发明专利在三类专利中增长最快，达到 31.8%。在国内发明专利申请量排名前 10 的企业中，内资企业数量达到 9 家，占明显优势。我国每万人口发明专利拥有量达到 4.0 件，提前实现"十二五"规划设定的 3.3 件目标。我国 PCT 国际专利申请量达到 2.2 万件，比上年增长 15.5%，国际排名升至第 3 位，三方专利拥有量为 1851 件，比上年增长 11.6%，国际排名升至第 6 位。

2013 年，我国高技术产业主营业务收入再创历史新高，突破 11 万亿元，达到 11.6 万亿元。高技术产业主营业务收入年增长率自 2008 年降至最低点后，近年呈波动回升态势，2013 年高技术产业主营业务收入比上年增长 11.5%（按可比价计算），继续保持 10% 以上的高速增长。从高技术产业主营业务收入行业分布看，2013 年电子及通信设备制造业主营业务收入所占比重较上年又有所增加，超过了 50%；电子计算机及办公设备制造业规模位居第二，所占比重接近 1/4，比上年增长 2.7 个百分点；航空航天器制造业占比最小，仅为 2.4%。医药制造业和医疗设备及仪器仪表制造业主营业务收入占比有所下降，比上年分别下降了 2.8 个百分点和 2.2 个百分点（见图 2-4-2）。

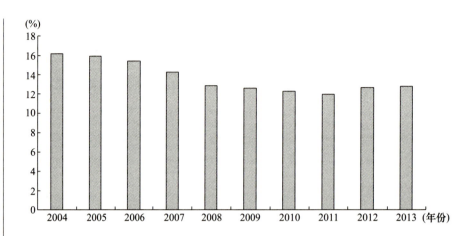

图 2－4－2　高技术产业主营业务收入占制造业比重（2004～2013）

近年来我国高技术产业的 R&D 经费持续增长。2013 年，大中型高技术产业企业 R&D 经费达到 1734.4 亿元，占大中型制造业 R&D 经费的 27%。高技术产业 R&D 经费投入强度相比 2012 年继续上升，达到 1.89%，其中，航空航天器制造业的 R&D 经费投入强度最高，为 7.63%，电子计算机及办公设备制造业最低，为 0.62%。从地区分布上看，东部地区高技术产业 R&D 经费占全国的 78.3%，远高于中西部地区；广东、江苏两省占比最高，分别达到 35.9% 和 12.7%，其余省份均不超过 10%。R&D 经费投入强度最高的是东北地区，达到 2.92%，东部地区为 1.95%，而中、西部地区分别为 1.57% 和 1.53%。

2.5　对外贸易

进出口稳中有升。全年货物进出口总额 258267 亿元人民币，以美元计价为 41600 亿美元，比上年增长 7.6%。其中，出口 137170 亿元人民币，以美元计价为 22096 亿美元，增长

7.9%；进口 121097 亿元人民币，以美元计价为 19504 亿美元，增长 7.3%。进出口差额（出口减进口）16072 亿元人民币，比上年增加 1514 亿元人民币，以美元计价为 2592 亿美元，增加 289 亿美元（见图 2－5－1）。

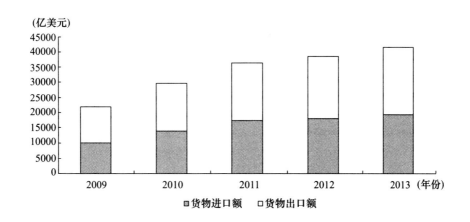

（亿美元）

图 2－5－1　2009～2013 年货物进出口总额

出口技术复杂度进一步提升。2013 年，在货物出口额中，一般贸易出口额为 10875 亿美元，比上年增长 10.1%；加工贸易额小幅下降，比上年减少 0.3%。机电产品出口 12652 亿美元，比上年增长 7.3%，其中高新技术产品出口 6603 亿美元，比上年增长 9.8%，增速高于货物出口额 1.9 个百分点。

在主要进出口商品方面，手持或车载无线电话，纺织纱线、织物及制品，服装及衣着附件出口金额比上年增长超过 10%，分别为 17.3%、11.7% 和 11.3%；煤（包括褐煤）出口金额出现大幅下降，比上年减少 33.1%；集装箱、汽车（包括整套散件）出口金额也比上年减少 6.4% 和 5.3%。进口方面，我国原材料和农业产品进口进一步增加，铁矿砂及其精矿，大豆，谷物及谷物粉进口金额比上年分别增长 10.4%、8.6% 和 6.6%。受产业过剩和

（中国产业发展和产业政策报告（2013~2014））

行业下行影响，我国对氧化铝的进口比上年下降了22.7%。

受欧美经济复苏影响，2013年，我国对美国和欧盟的出口分别比上年增长了14.8%和3.7%。在双边经贸协定作用下，中国对韩国、中国台湾的出口分别增长8.5%和18.5%，受两国关系的影响，中国对日本金额减少8.7%。

2.6 可持续发展

2.6.1 能耗水耗持续下降

2011年，按当年价格计算，全部工业万元增加值能耗1.23吨标煤，较2010年下降了14.17%，为2001年以来最大降幅，万元增加值能耗降速连续两年有所提高；工业在国民经济能源消费中保持较高比重，工业和制造业占全部能源总量的70.82%和57.59%，分别较2011年下降0.31和0.42个百分点（见图2-6-1）。同时，2012年，全部工业万元增加值用水量下降至72吨，较2011年下降10吨。工业单位增加值水耗自2000年以来连续12年下降，2012年单位工业增加值水耗约为2000年的1/4（见图2-6-2）。

2.6.2 环境保护效果增强

工业废水废气排放减少，综合利用效果增强。2012年，工业万元增加值废水排放量11.10吨，较2011年减少1.15吨，仅为2000年的1/4，2010年的75%（见图2-6-3）；工业万元增加值氮氧化合物和烟粉尘排放量分别为8.30千克和6.19千克，

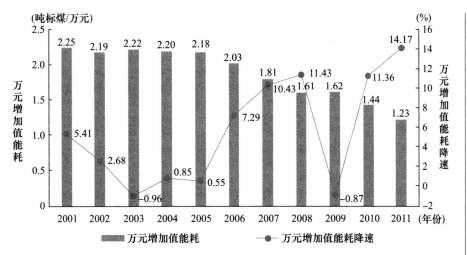

图 2 − 6 − 1 2001 ~ 2011 年工业万元增加值能耗和降速

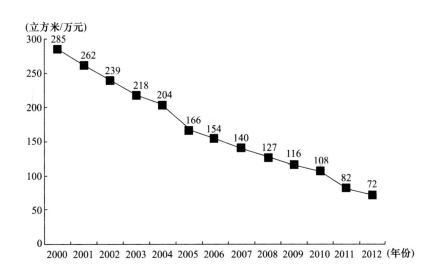

图 2 − 6 − 2 2000 ~ 2012 年工业万元增加值用水量

分别较 2012 年减少 0.88 千克和 0.60 千克（见图 2 − 6 − 4）。工业废水废气治理效果显著，单位增加值污染物排放持续减少。同时，2012 年，工业固体废物综合利用率达到 60.9%，较 2011

年提高了 1.1 个百分点（见图 2 - 6 - 5）。

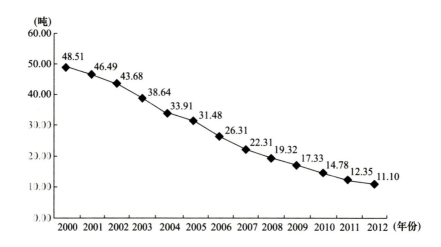

图 2 - 6 - 3　2000～2012 年工业万元增加值废水排放量

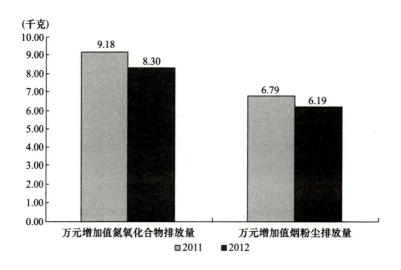

图 2 - 6 - 4　2011～2012 年工业万元增加值废气排放量

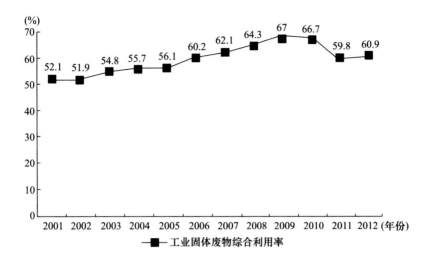

图 2-6-5　2001~2012 年工业固体废物综合利用率

2.6.3　高耗能产业投资增速放缓

2013 年，除石油加工、炼焦及核燃料加工业固定资产投资略高于制造业平均水平，其他五个高耗能产业投资增速均低于制造业。其中，黑色金属冶炼和压延加工业、非金属矿物制品业固定资产投资增速更是降到近年最低点，分别为 -2.06% 和14.81%，结构调整对节能减排起到促进作用（见图 2-6-6）。

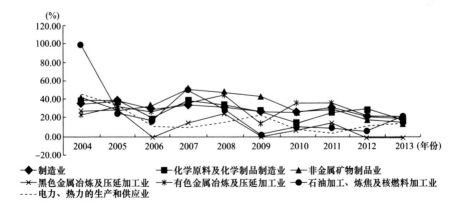

图 2-6-6　2004~2013 年规模以上六大高耗能工业行业固定资产投资增速

2.7 结构

2.7.1 工业占 GDP 比重下降，制造业保持较快增长

工业比重继续降低，制造业保持较快增长。2013 年，工业增加值占 GDP 的比重为 37.0%，较 2012 年下降 1.4 个百分点。2013 年以来，规模以上工业企业增加值增速明显下滑，2014 年全年增速 9.7%，较 2012 年下降 0.3 个百分点。分行业看，规模以上制造业增加值 2013 年增速达到 10.5%，相比较，规模以上采矿业，电力、燃气及水的生产和供应业 2013 年增加值增速仅为 6.4% 和 6.8%。其增速下滑主要是因为我国工业化的阶段变化，以及全球大宗商品供求关系变化造成的，而制造业是工业经济增长的主要来源（见图 2 – 7 – 1）。

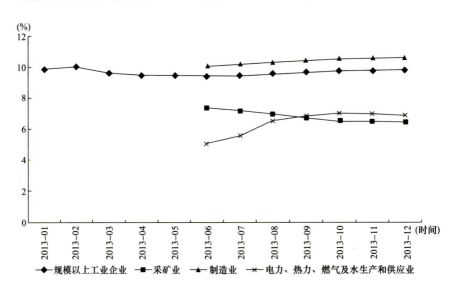

图 2 – 7 – 1　规模以上工业企业当月增加值累计增速

2.7.2 工业结构持续优化，高技术产业增长较快

工业结构更加优化。2013 年，规模以上企业增速较快的产业有黑色金属矿采选业，非金属矿采选业，木材加工和木、竹、藤、棕、草制品业，化学原料和化学制品制造业，医药制造业，有色金属冶炼和压延加工业，金属制品业，汽车制造业，废弃资源综合利用业，金属制品、机械和设备修理业，燃气生产和供应业；增加值增速较慢的产业有煤炭开采和洗选业，石油和天然气开采业，铁路、船舶、航空航天和其他运输设备制造业。从总体来看，加工程度较高产业增加值增长较快，加工程度较低产业增长较慢。高技术制造业增加值比上年增长 11.8％，且快于工业平均增速（见图 2－7－2）。

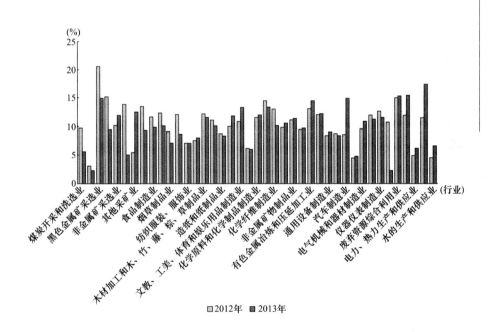

□ 2012年 ■ 2013年

图 2－7－2　分行业规模以上工业企业增加值增速

25

3 重点行业发展

3.1 原材料工业

2013 年，原材料工业增速趋于稳定，固定资产投资有所放缓，出口增长保持较快速度，节能减排取得进展，为国民经济稳定增长起到了重要作用。

原材料行业保持较快增长态势。原材料行业运行总体平稳，下半年以来生产增速加快。钢铁工业增加值比上年增长 9.9%，增速比上年上升 0.4 个百分点；规模以上有色金属工业增加值增长 13.3%，增速比上年回落 0.4 个百分点；石油加工、炼焦与核燃料加工业增加值比上年增长 6.1%，增速比上年下降 0.2 个百分点；化学工业增加值比上年增长 12.1%，增速比上年上升 1.9 个百分点；建筑材料工业增加值比上年增长 9.3%，增速较上年回落 2.2 个百分点。

出口平稳增长。2013 年，我国出口钢材 6234 万吨，同比增长 11.9%；有色金属工业出口额 547.5 亿美元，同比增长 10.7%；石油化工行业出口 1757.6 亿美元，同比增长 5%；建材商品出口总额 325 亿美元，同比增长 21%。

固定资产投资增速有所放缓。2013 年，我国钢铁行业固定资产投资为 6726 亿元，同比增长仅为 0.7%；建材工业完成固定资产投资约 1.3 万亿元，同比增长 13.8%，增速下降 3.7 个百分点；有色金属工业（不包括独立黄金企业）完成固定资产投资额为 6608.7 亿元，比上年增长 19.8%。

企业效益有所改善。2013 年，重点统计钢铁企业盈亏相抵后实现利润 228.6 亿元，实现扭亏为盈；有色金属冶炼和压延加工业规模以上工业企业销售利润率与成本费用利润率分别为 3.11%、3.21%，比上年略有下降；石油加工、炼焦及核燃料加工业利润总额为 472.2 亿元，比上年上升 482.1 亿元，实现扭亏为盈；化学工业利润总额为 4113.3 亿元，比上年增加 408.5 亿元；规模以上建材工业实现利润总额 3168 亿元，同比增长 20.3%，其销售利润率为 7.3%，比上年上升 0.2 个百分点。

节能环保积极推进。2013 年，重点大中型钢铁企业吨钢综合能耗为 592 千克标煤/吨，同比下降 2%；国铝锭综合交流电耗下降到 13740 千瓦时/吨，下降了 104 千瓦时/吨；全年节电约 23 亿千瓦时。

3.1.1 钢铁工业

3.1.1.1 行业发展特点

产量产值增速回升。2013 年，全国粗钢产量 7.79 亿吨，比上年增长了 7.5%，增幅与上年相比上升了 4.4 个百分点；钢材

（含重复材）产量 10.7 亿吨，同比增长 11.4%，增幅同比上升了 3.7 个百分点；增加值比上年增长 9.9%，增速比上年上升了 0.4 个百分点。2014 年，中国粗钢产量占全球比重为 48.5%，比上年提高了 3.7 个百分点。

钢材出口保持较快增长，进出口差价较大。2013 年，我国出口钢材 6234 万吨，同比增长 11.9%；进口钢材 1408 万吨，增长 3.1%；进口钢坯 55 万吨，增长 53%。坯材合计折合净出口粗钢 5073 万吨，同比增长 14.4%，占粗钢总产量的 6.5%。2013 年，出口钢材均价 854 美元/吨，进口钢材均价 1211.1 美元/吨，价差仍很大。

节能减排取得新进展。2013 年，重点大中型钢铁企业吨钢综合能耗为 592 千克标煤/吨，同比下降 2%。烧结、球团、焦化、炼铁、转炉炼钢、电炉炼钢、钢加工等各工序能耗分别下降 2.5%、2%、4.4%、1.1%、16.4%、9.1% 和 2%。吨钢耗新水量 3.5 立方米/吨，下降 5.4%。外排废水 4.9 亿立方米，下降 8%；化学需氧量排放下降 14.2%；氨氮排放下降 22%。外排废气中，二氧化硫排放下降 3.4%，烟粉尘排放下降 1.1%。

固定资产投资增速大幅回落。2013 年，我国钢铁行业固定资产投资 6726 亿元，同比增长 0.7%。其中黑色金属冶炼及压延业投资 5060 亿元，下降 2.1%；黑色金属矿采选业投资 1666 亿元，增长 10.4%。

盈利水平偏低。2013 年，钢铁行业销售利润率、成本费用率分别为 2.22% 和 2.29%，仍处于历史较低水平。2013 年，重点统计钢铁企业盈亏相抵后实现利润 228.6 亿元，实现扭亏为盈，销售利润率为 0.62%，比上年提高 0.66 个百分点。总体经济效益比上年有所好转，但仍处于较低水平。

兼并重组步伐加快，市场集中度仍较低。山东、云南、四川等地开展区域性兼并重组工作初见成效。由云南曲靖地区 7 家企业共同出资组建的云南曲靖钢铁集团有限公司，不断深化实质性整合，逐步实现集团公司规范化运作。山东省新组建的邹平钢铁集团有限公司、临沂鑫德钢铁联合有限公司，完成了工商注册登记，并已挂牌运营。宝钢、武钢、鞍钢、首钢等大型钢铁企业着力进行企业兼并后的调整工作。2013 年，粗钢产量排名前 10 家企业占比为 39.4%，同比下降 6.5 个百分点，市场集中度仍较低。

装备水平与技术创新能力提升。炭化室高 7 米大容积顶装焦炉炼焦技术、超大型高炉高效低耗技术集成、300 吨转炉铁水"三脱"与少渣冶炼工艺技术、高效 RH 真空精炼关键技术及工业应用、热轧板带钢新一代 TMCP 技术及应用等科技创新成果显著。重点大中型钢铁企业主体生产设备已达到国际先进水平，构建了以鲅鱼圈、曹妃甸为代表的可循环钢铁生产流程，并实现了稳定运行。

3.1.1.2 发展水平评估

（1）发展指数。

2012 年，钢铁工业发展定基指数为 116.5，比上年上升 27.5；钢铁行业发展环比指数为 156.0。效率、创新、增长与国际竞争力等分项指标的上升，是钢铁行业发展定基指数上升的主要原因（见图 3-1-1）。

（2）效率。

2012 年，钢铁工业效率定基指数为 131.5，比上年上升 19.3；行业效率环比指数为 122.2。效率比上年有所提升。2013 年，由于产能过剩问题突出，钢铁工业效率呈下降趋势（见图 3-1-2）。

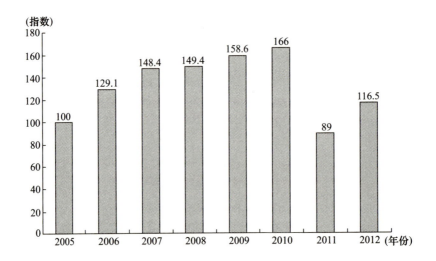

图 3 - 1 - 1　钢铁工业发展定基指数（基期：2005 年）

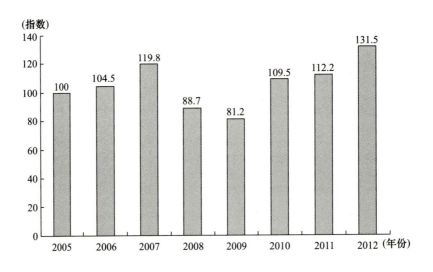

图 3 - 1 - 2　钢铁工业效率定基指数（基期：2005 年）

（3）创新。

2012 年，钢铁工业创新定基指数为 149.2，比上年上升 95.3；创新环比指数为 299.2。R&D 人员占从业人员比重、R&D 经费占产品销售收入比重快速上升是导致创新定基指数下降的主要原因。2013 年，钢铁工业创新投入强度有所下降（见图 3 – 1 –3）。

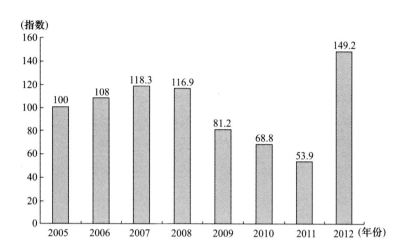

图 3 – 1 – 3　钢铁工业创新定基指数（基期：2005 年）

（4）绿色发展。

2013 年，钢铁工业绿色发展定基指数为 75.1，比上年下降 13.1；绿色发展环比指数为 123.8。废水排放产出强度下降是导致钢铁工业绿色发展定基指数下降的主要原因。2013 年，钢铁工业节能减排工作取得积极进展（见图 3 – 1 –4）。

（5）增长。

2012 年，钢铁工业增长定基指数为 63.6，比上年上升 8.9；增长环比指数为 98.8。钢铁工业增速回升（见图 3 – 1 – 5）。

（6）国际竞争力。

2012 年，钢铁工业国际竞争力定基指数为 152.1，比上年上升 32.1；国际竞争力环比指数为 126.8。钢铁工业国际竞争力有所上升。2013 年，钢铁工业国际竞争力进一步上升（见图

3－1－6）。

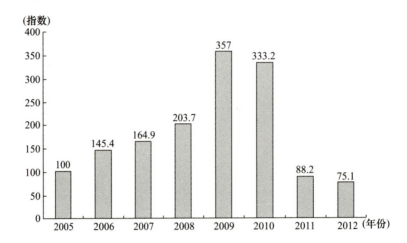

图 3－1－4　钢铁工业绿色发展定基指数（基期：2005 年）

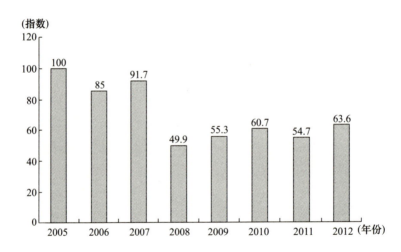

图 3－1－5　钢铁工业增长定基指数（基期：2005 年）

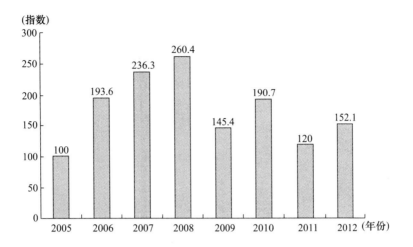

图 3-1-6 钢铁工业国际贸易定基指数（基期：2005 年）

3.1.1.3 问题与挑战

化解过剩产能任重道远。我国已有炼钢产能近 10 亿吨，产能利用率仅为 72%，明显低于正常水平。2013 年，钢铁行业固定资产投资 6726 亿元，同比增长 0.7%。其中黑色金属矿采选业投资 1666 亿元，增长 10.4%；黑色金属冶炼及压延业投资 5060 亿元，下降 2.1%，新增粗钢产能约 4000 万吨。

环保压力加大。2012 年 10 月 1 日起开始实施的钢铁工业污染物排放新标准大幅收紧了颗粒物和二氧化硫等排放限值，并对环境敏感地区规定了更为严格的水和大气污染物特别排放限值。京津冀、长三角和珠三角等地区作为"十二五"大气污染物特别排放限值地域，钢铁行业节能环保监管将更加严格。相当一部分钢铁企业不能满足环保新标准要求，企业尚需加大环保投入，生产经营成本将进一步增加。

企业经营风险加大。2013 年，重点大中型钢铁企业资产负债率为 69.4%，同比上升 0.6 个百分点。资产负债率在 80% 以上的钢厂有 33 家，合计年产钢约 1.2 亿吨。产成品资金占用同比增长 9%；企业银行借款同比增长 8.4%。同时，应收、应付账款同比分别增长 7.3% 和 3.1%。财务费用同比下降 3%，但支出仍高达 786.2 亿元，远高于实际利润水平，钢铁企业资金压力日益增大，企业经营风险明显加大。

国际贸易保护增加。为振兴本国经济、保护本土企业和促进就业，世界各国加强了贸易保护，针对中国的反倾销、反补贴等贸易摩擦增多。2013 年，针对钢铁产品的贸易救济措施调查近 20 起，涉及我国主要出口产品。泰国对含硼热轧产品、马来西亚对含硼线材产品、巴西对镀锌板产品、美国对电工钢产品、欧盟对钢管产品等纷纷提起反倾销诉讼，国内钢材直接出口压力进一步加大。

3.1.2　有色金属

3.1.2.1　行业发展特点

产量产值保持较快增长。2013 年，规模以上有色金属工业增加值增长 13.3%，增速比上年回落 0.4 个百分点。十种有色金属产量为 4029 万吨，同比增长 9.9%。其中，精炼铜、原铝、铅、锌产量分别为 684 万吨、2205 万吨、447 万吨、530 万吨，分别增长 13.5%、9.7%、5%、11.1%，其中原铝增幅回落 3.5 个百分点。铜材和铝材产量分别为 1499 万吨和 3963 万吨，分别增长 25% 和 24%，增幅分别提高 14 个百分点和 8 个百分点。

投资结构有所改善。2013 年，有色金属工业（不包括独立黄金企业）完成固定资产投资额 6608.7 亿元，比上年增长 19.8%，增幅比上年回升 4.2 个百分点。其中，有色金属矿采选业完成固定资产投资 1240.9 亿元，增长 14.4%；有色金属冶炼业完成固定资产投资 2064.4 亿元，下降 1.0%；有色金属压延加工完成固定资产投资 3303.4 亿元，增长 40.8%。加工项目投资大幅度上升，矿山项目投资增幅平稳，有色金属冶炼投资热缓解，投资结构有所优化。

节能降耗成效显著。2013 年，我国铝锭综合交流电耗下降到 13740 千瓦时/吨，下降了 104 千瓦时/吨，全年节电约 23 亿千瓦时；铜冶炼综合能耗下降到 314.4 千克标准煤/吨，同比下降了 0.5%；电解锌冶炼综合能耗下降到 909.3 千克标准煤/吨，同比下降了 0.1%。

贸易逆差下降，原料进口持续增长。2013 年，我国有色金属进出口贸易总额 1581 亿美元，增长 1.1%；进口额 1033 亿美元，下降 3.3%；出口额 547.5 亿美元，同比增长 10.7%，增幅回落 8.7 个百分点；进出口贸易逆差 563.5 亿美元，同比下降 15.3%。铜精矿、铝土矿进口量分别增长 28.7%、78.5%，其他国内紧缺的有色金属矿原料及初级产品进口量也持续增加。

经济效益有所下降。2013 年，有色金属冶炼和压延加工业规模以上工业企业销售利润率与成本费用利润率分别为 3.11%、3.21%，比上年分别下降 0.4 和 0.47 个百分点。2013 年，有色金属行业实现利润 2073 亿元，比上年下降 5.9%。其中，有色金属采选、冶炼行业利润分别为 628 亿元和 259 亿元，分别下降 17.2% 和 0.2%。在主要冶炼品种中，铝冶炼亏损 23.1 亿元。有色金属压延加工实现利润 791 亿元，增长 11.5%。

3.1.2.2 发展水平评估

（1）发展指数。

2012 年，有色金属工业发展定基指数为 134.2，比上年上升 57.9；有色金属工业发展环比指数为 116.1。创新、绿色发展、增长与国际竞争力指标的上升，推动了有色金属工业发展水平的上升（见图 3-1-7）。

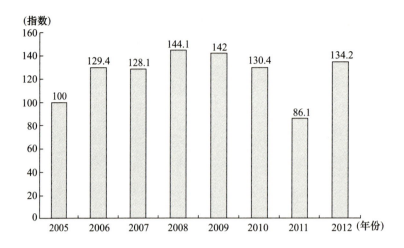

图 3 - 1 - 7　有色金属工业发展定基指数（基期：2005 年）

（2）效率。

2012 年，有色金属工业效率定基指数为 80.6，比上年下降 45.7；效率环比指数为 67.9。有色金属工业效率大幅下降。2013 年，有色金属工业效率有所下降（见图 3 - 1 - 8）。

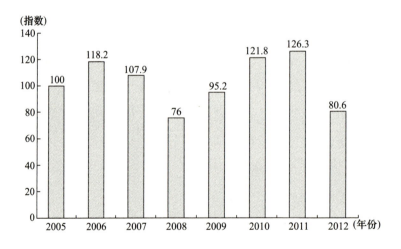

图 3 - 1 - 8　有色金属工业效率定基指数（基期：2005 年）

（3）创新。

2012 年，有色金属工业创新定基指数为 45.5，比上年上升了 0.6；创新环比指数为 110.6。R&D 人员占从业人员比重、R&D 经费占产品销售收入比重上升是导致创新定基指数上升的主要原因。2013 年，有色金属工业创新投入有所上升（见图 3 - 1 - 9）。

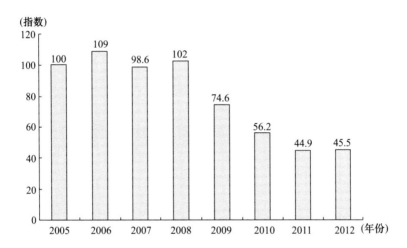

图 3 - 1 - 9 有色金属工业创新定基指数（基期：2005 年）

（4）绿色发展。

2012 年，有色金属工业绿色发展定基指数为 174.3，比上年上升 21.3；绿色发展环比指数为 175.3。工业能源效率、废水排放产出强度、废气排放产出强度的上升是导致有色工业绿色发展定基指数上升的主要原因。2013 年，有色金属工业节能减排取得进展（见图 3 - 1 - 10）。

（5）增长。

2012 年，有色金属工业增长定基指数为 66.2，比上年上升 5.2；增长环比指数为 98.1。有色金属工业增速有所上升。2013

年，有色金属工业增速有所加快（见图 3－1－11）。

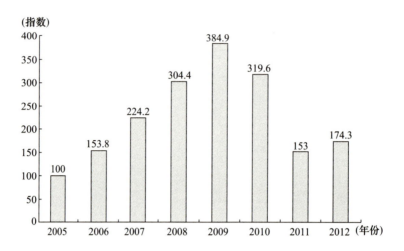

图 3－1－10　有色金属工业绿色发展定基指数（基期：2005 年）

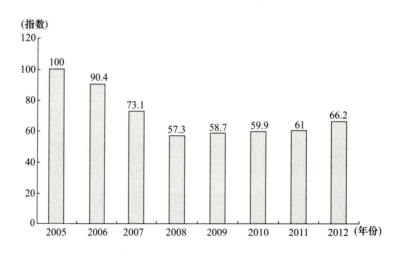

图 3－1－11　有色金属工业增长定基指数（基期：2005 年）

（6）国际竞争力。

2013 年，有色金属工业国际竞争力定基指数为 296.6，比上年上升 296.6；国际竞争力环比指数为 119.3。有色金属工业国际竞争力显著上升。2013 年，有色金属工业国际竞争力持续提升（见图 3 - 1 - 12）。

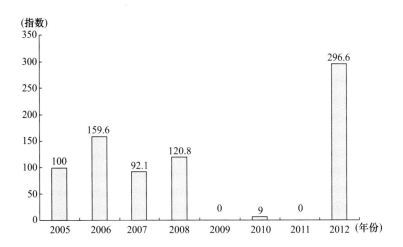

图 3 - 1 - 12　有色金属工业国际竞争力定基指数（基期：2005 年）

3.1.2.3　问题与挑战

产能过剩问题突出，亟须破解体制机制障碍。目前国内大部分行业冶炼产能过剩，电解铝行业最为突出。2013 年末，国内电解铝产能为 3200 万吨，比上年增加 400 多万吨。西部地区在能源价格优势基础上，还以配套煤矿资源、廉价土地等优惠政策推动电解铝生产企业大量产能投资，电价政策的区域不平衡（并网费等政策差异很大）导致较为严重的不公平竞争，进而导致电解铝产能无序扩张。现阶段，亟须推进电力体制改革，为铝工业发展创造公平竞争环境。

冶炼企业资源保障不足。国内大多数冶炼企业自备矿山保障不足，原料多需外购，且企业境外资源开发成本、风险日益提高，项目进展缓慢。冶炼企业经济效益差，如铅锌冶炼利润只占铅锌产业的 20%，采选利润占 80%，部分缺乏自备矿山的铝企业亏损严重。

国有及控股企业经营管理水平亟待提高。2013 年，国有及控股有色企业主营业务收入为 17334 亿元，占全行业的 33%，利润总额为 265 亿元，占全行业的 13%，主营业务收入利润率和资产利润率分别为 1.53%、1.72%，分别只是全行业平均水平的 39% 和 30%，是全国国有及控股工业企业平均水平的 26% 和 39%。

3.1.3 石油与化学

3.1.3.1 行业发展特点

增加值与主要产品产量平稳增长。2013 年，石油加工、炼焦与核燃料加工业增加值比上年增长 6.1%，增速比上年下降 0.2 个百分点；化学工业增加值比上年增长 12.1%，增速比上年上升了 1.9 个百分点。原油加工量 4.79 亿吨，增长 3.31%；纯碱 2429.3 万吨，增长 0.6%；乙烯 1622.6 万吨，增长 8.5%；化肥 7153.6 万吨，增长 4.9%；农药 319 万吨，增长 1.6%；初级形态塑料 5836.7 万吨，增长 11%；合成纤维单体 2305.5 万吨，增长 4.7%；轮胎外胎产量 9.65 亿条，增长 7.2%。

出口保持较快增长。2013 年，石油和化学工业进出口总额 6414 亿美元，同比增长 2.6%；贸易逆差 2898.9 亿美元，下降 0.15%。全行业进口 4656.5 亿美元，增长 1.7%。进口原油 2.82 亿吨，增长 4.1%，对外依存度为 57.4%，比上年提高 1 个百分点。全行业出口 1757.6 亿美元，增长 5%，其中化工行业出口 1458.4 亿美元，增长 4.2%。橡胶制品出口总额 478.9 亿美元，增长 9.2%，增幅比上年提高 6.4 个百分点，占全行业的27.2%。农药、合成纤维聚合物出口额分别增长31%和27.3%。化肥（实物量）出口量增长7%，出口额下降14.1%。

固定资产投资保持较快增长，投资结构进一步优化。2013年，石油和化学工业完成固定资产投资2.0万亿元，同比增长19.5%。化工行业完成1.41万亿元，增长14.6%。其中，有机化学原料、涂（颜）料制造等精细化学品和合成树脂领域投资增幅分别达到27.1%、28.2%和29.7%，均大大高于化工行业平均增速；占该行业投资比重分别为19.9%、6.1%和7.1%，较上年也均上升，投资继续向技术含量较高、附加值较高的领域倾斜。

产品结构加快调整。资源类产品比重持续下降，技术类产品保持上升趋势。2013年，化工行业主营业务收入占全行业比重达62.7%，同比提高3个百分点；有机化工原料、橡胶制品和专用化学品利润占化工的比重分别为13.1%、13.7%和25.8%，同比分别提高了2.8、1.1和1个百分点，而无机化学原料、化肥占比分别同比下降0.94和3.9个百分点。此外，反式异戊橡胶、甲醇制芳烃、大型煤气化炉等关键技术和装备取得突破，先进高分子材料、高端复合材料、功能材料等增速明显快于行业平均水平。

行业效益整体有所改善。2013年，石油加工、炼焦及核燃料加工业利润总额为472.2亿元，比上年上升482.1亿元，实现扭亏为盈，销售利润率为1.2%，较上年上升1个百分点。2013年，化学工业利润总额为4113.3亿元，比上年增加408.5亿元，销售利润率为5.4%，比上年下降0.1个百分点。

3.1.3.2 发展水平评估

（1）发展指数。

2012年，石油工业发展定基指数为155.4，比上年大幅上升81.3；石油工业发展环比指数为191.1（见图3－1－13）。创新、绿色发展、增长、国际贸易竞争力指标的大幅上升，是石油工业发展定基指数快速上升的主要原因。

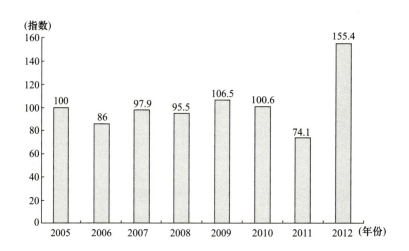

图3－1－13　石油工业发展定基指数（基期：2005年）

2012年，化学工业发展定基指数为185.0，比上年下降21.7；化学工业发展环比指数为109.5。效率、绿色发展、增长与国际竞争力各分项指标下降，共同促成了化学工业发展定基指数的下降（见图3－1－14）。

（2）效率。

2012年，石油工业效率定基指数为100.8，比上年下降0.8；行业效率环比指数为100.8，效率与上年基本持平。2013年，石油工业效率略有提升（见图3－1－15）。

2012年，化学工业效率定基指数为100，比上年下降36.8；行业效率环比指数为76.4。效率呈恶化趋势。2013年，化学工业效率进一步下降（见图3－1－16）。

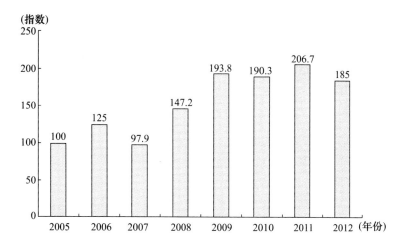

图 3 - 1 - 14　化学工业发展定基指数（基期：2005 年）

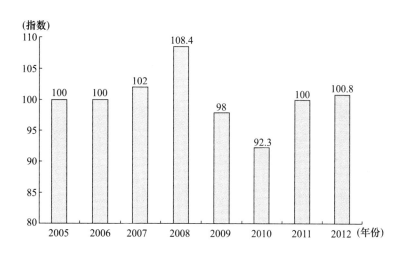

图 3 - 1 - 15　石油工业效率定基指数（基期：2005 年）

（3）创新。

2012 年，石油工业创新定基指数为 72.7，比上年上升 36.7；创新环比指数为 234.6。R&D 人员占从业人员比重、R&D 经费占产品销售收入比重快速上升是导致创新定基指数上升的重要原因。2013 年，石油工业创新投入强度有所下降（见图 3 - 1 - 17）。

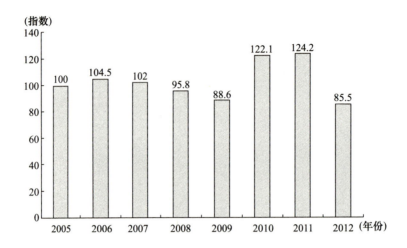

图 3－1－16　化学工业效率定基指数（基期：2005 年）

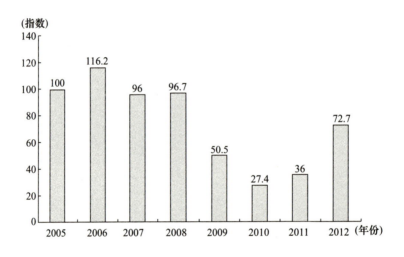

图 3－1－17　石油工业创新定基指数（基期：2005 年）

　　2013 年，化学工业创新定基指数为 110.16，比上年上升 40.5；创新环比指数为 159.5。R&D 人员占从业人员比重、R&D 经费占产品销售收入比重上升是导致创新定基指数上升的主要原因。2013 年，化学工业创新投入强度有所下降（见图 3－1－18）。

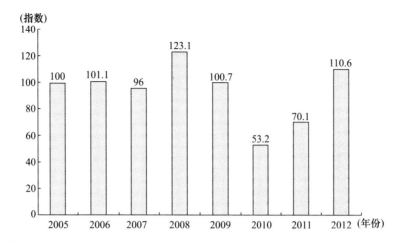

图 3 - 1 - 18　化学工业创新定基指数（基期：2005 年）

（4）绿色发展。

2012 年，石油工业绿色发展定基指数为 305.0，比上年上升 197.6；绿色发展环比指数为 371.7。工业能源效率、废水排放产出强度、废气排放产出强度的上升是导致石油工业绿色发展定基指数上升的主要原因。2013 年，石油工业绿色发展能力略有提升（见图 3 - 1 - 19）。

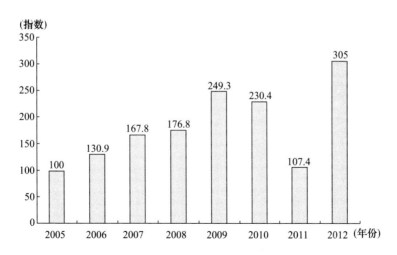

图 3 - 1 - 19　石油工业绿色发展定基指数（基期：2005 年）

2012 年，化学工业绿色发展定基指数为 404.9，比上年下降 9.9；绿色发展环比指数为 166.3。工业能源效率、废水排放产出强度、废气排放产出强度的有所下降是导致化学工业绿色发展定基指数下降的主要原因。2013 年，化学工业绿色发展能力有所提升（见图 3－1－20）。

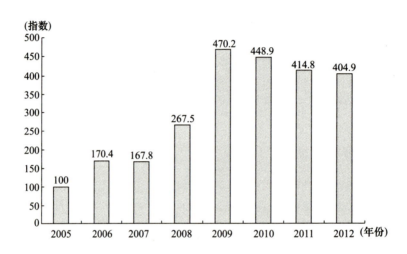

（指数）

图 3－1－20　化学工业绿色发展定基指数（基期：2005 年）

（5）增长。

2012 年，石油工业增长定基指数为 106.9，比上年上升 68.6；增长环比指数为 91.4。石油工业增速明显上升。2013 年，石油工业增速与上年基本持平（见图 3－1－21）。

2012 年，化学工业增长定基指数为 69.9，比上年下降 22.2；增长环比指数为 86.5。化学工业增长下行压力有所加大。2013 年，化学工业增速有所上升（见图 3－1－22）。

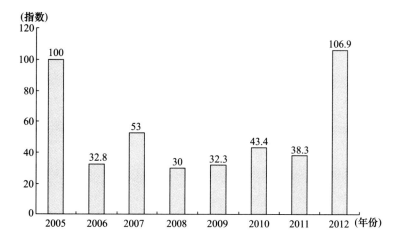

图 3 – 1 – 21　石油工业增长定基指数（基期：2005 年）

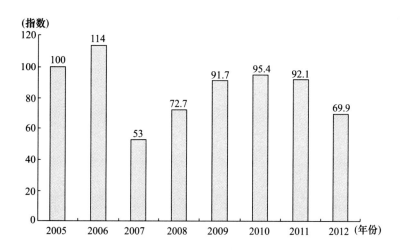

图 3 – 1 – 22　化学工业增长定基指数（基期：2005 年）

（6）国际竞争力。

2012 年，石油工业国际竞争力定基指数为 160.2，比上年上升了 56.3；国际竞争力环比指数为 154.3。石油工业国际竞争力明显上升。2013 年，石油工业国际竞争力有所上升（见图 3 – 1 – 23）。

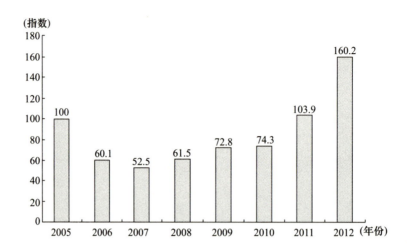

图3-1-23　石油工业国际竞争力定基指数（基期：2005年）

　　2012年，化学工业国际竞争力定基指数为290.8，比上年下降109.2；国际竞争力环比指数为72.7。化学工业国际竞争力有所下降。2013年，化学工业国际竞争力明显上升（见图3-1-24）。

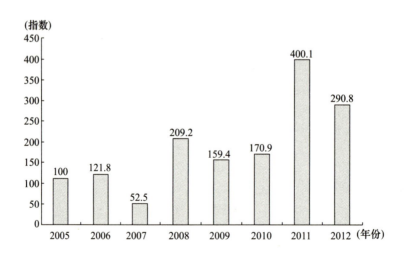

图3-1-24　化学工业国际竞争力定基指数（基期：2005年）

3.1.3.3 问题与挑战

产能过剩矛盾突出。2013 年,甲醇、聚氯乙烯、烧碱、尿素开工率约为 60%、65%、75% 和 80%。甲醇、聚氯乙烯价格长期低位运行,烧碱(片碱)、尿素价格同比分别下降 18.4% 和 13.4%。另外,一些化工新材料、精细化学品在技术上取得突破后,产能增幅过猛,出现了新的过热趋势。

部分高端产品自给能力不足。在高性能纤维领域,GQ3522、GQ4522 碳纤维虽已实现产业化,但由于工艺技术不完善,产品生产成本高,而高强中模和高模碳纤维亟待实现高水平产业化。在工程塑料领域,聚碳酸酯自主开发的万吨级技术虽已获得突破,但在生产成本、产品质量等方面仍难与国外领先企业竞争,聚酰亚胺、聚芳酯、全氟橡胶等投资力度不够,产品开发与应用滞后。

行业运行成本上升。人工、电力、运输、环保等成本不断上升,导致行业总体成本高位运行。2013 年,石油和化学工业主营业务成本 10.8 万亿元,同比增长 9.9%,比主营业务收入增速高 0.93 个百分点。化工行业每 100 元主营收入成本为 87 元,同比增加 0.41 元,高出全国规模以上工业 1.73 元。全行业及化工行业利润累计增速分别比主营业务收入低 3.3 和 0.65 个百分点。

3.1.4 建筑材料

3.1.4.1 行业发展特点

产量产值保持适度增长。2013 年,建筑材料工业增加值比上年增长 9.3%,增速较上年回落 2.2 个百分点。水泥生产 24.8 亿吨,比上年增长 1.8%,增速下降 7.8 个百分点;平板玻璃产量为 7.9 亿重量箱，比上年增长 1.1%，增速同比下降 10.1 个百分点。低耗能低排放加工产品产量则保持较快增速，商品混凝土 15.5 亿立方米，同比增长 11.4%，钢化玻璃 4.2 亿平方米，同比增长 15.1%。

经济效益有所好转。2013 年，规模以上建材工业实现利润总额 3168 亿元，同比增长 20.3%。销售利润率 7.3%，比上年上升 0.2 个百分点。其中，水泥制造业实现利润总额 766 亿元，同比增长 16.4%，销售利润率同比上升 0.5 个百分点；平板玻璃制造业实现利润总额 45 亿元，销售利润率同比上升 5 个百分点。混凝土与水泥制品、建筑卫生陶瓷、建筑用石加工和轻质建材制造业实现利润总额同比增长速度超过 20%。

出口平稳增长。2013 年，建材商品出口总额 325 亿美元，同比增长 21%。主要商品出口离岸价格稳中有升，同比上涨幅度达到 13%。建筑卫生陶瓷、建筑技术玻璃、水泥及水泥熟料出口数量及出口金额均保持较快增长。

投资增速放缓，投资结构优化。完成固定资产投资约 1.3 万亿元，同比增长 13.8%，增速下降 3.7 个百分点。其中：产能过剩的水泥、平板玻璃行业分别下降 3.7% 和 5.8%；低消耗低排放的石材、轻质建材、技术玻璃等行业分别增长 28.9%、23.5% 和 36.3%；混凝土与水泥制品行业完成投资达 2085 亿元，同比增长 12.7%，居于行业首位。

主要产品市场集中度提升。2013 年，水泥熟料生产能力前十家企业集团占水泥生产总能力的 51.6%，比上年提高 3.9 个百分点，水泥生产能力前十家企业集团占水泥生产总能力的 38%，比上年提高 2.9 个百分点，水泥产量前十家企业集团占水泥总产量的 37.8%，比上年提高 3 个百分点。

技术进步加快。水泥行业除尘、烟气脱硝和协同处置等技术快速推广，平板玻璃行业全氧燃烧技术实现工程化应用，自主开发的无碱玻璃基板、碳纤维技术实现产业化。

3.1.4.2 发展水平评估

（1）发展指数。

2012 年，建材工业发展定基指数为 145.1，比上年大幅下降 98.3；建材工业发展环比指数为 109.7。效率、绿色发展等分项指标的下降，导致建材工业发展定基指数的快速下降（见图 3 - 1 - 25）。

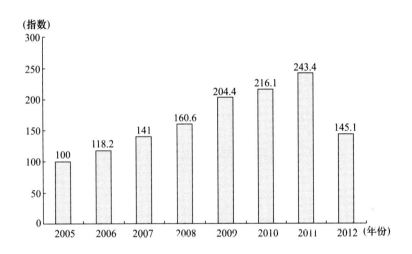

（指数）

图 3 - 1 - 25　建材工业发展定基指数（基期：2005 年）

（2）效率。

2012 年，建材工业效率定基指数为 92.1，比上年下降 49.3；行业效率环比指数为 72.6。效率有所下降。2013 年，建材工业效率仍有所下降（见图 3 - 1 - 26）。

（3）创新。

2012 年，建材工业创新定基指数为 90.5，比上年上升了

44；创新环比指数为 187.4。R&D 人员占从业人员比重、R&D 经费占产品销售收入比重上升是导致创新定基指数上升主要原因。2013 年，建材工业创新投入强度有所下降（见图 3 - 1 - 27）。

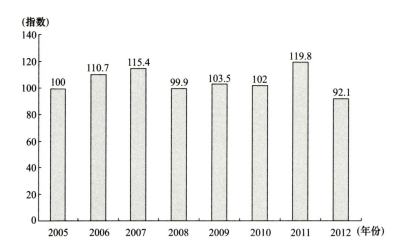

图 3 - 1 - 26　建材工业效率定基指数（基期：2005 年）

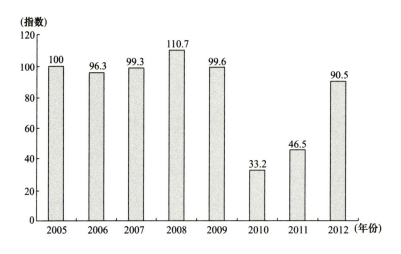

图 3 - 1 - 27　建材工业创新定基指数（基期：2005 年）

（4）绿色发展。

2012 年，建材工业绿色发展定基指数为 259，比上年下降354.9；绿色发展环比指数为 63.7。工业能源效率、废水排放产出强度、废气排放产出强度的下降是导致建材工业绿色发展定基指数下降的主要原因。2013 年，建材工业绿色发展能力略有下降（见图 3－1－28）。

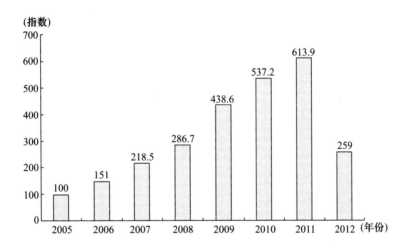

（指数）

图 3－1－28　建材工业绿色发展定基指数（基期：2005 年）

（5）增长。

2013 年，建材工业增长定基指数为 65.7；增长环比指数为72.3。建材工业保持平稳增长（见图 3－1－29）。

（6）国际竞争力。

2013 年，建材工业国际竞争力定基指数为 113.9，比上年上升 36；国际竞争力环比指数为 146.2，国际竞争力明显上升。2013 年，建材工业国际竞争力又有所下降（见图 3－1－30）。

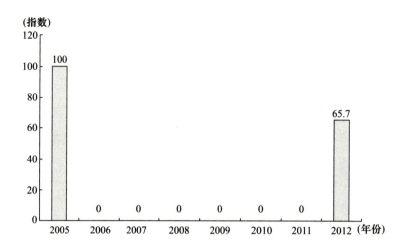

图 3 - 1 - 29　建材工业增长定基指数（基期：2005 年）

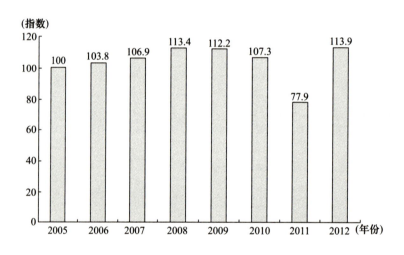

图 3 - 1 - 30　建材工业国际竞争力定基指数（基期：2005 年）

3.1.4.3　问题与挑战

部分产品产能过剩较为严重。2013 年末，全国水泥生产能力达到32.9 亿吨，水泥熟料生产能力达到18.6 亿吨，水泥与水泥熟料产能利用率分别上升至 77.0% 和 72.0%。2013 年末，平板玻璃生产能力达到 10.8 亿重量箱，产能利用率 76%，比

2012 年下降 1.9 个百分点。水泥、平板玻璃行业产能过剩突出。

财务风险加大。2013 年，规模以上建材工业应收账款净额 4301 亿元，同比增加 795 亿元，增长 22.7%，比 2012 年全年平均增长水平增加近 6 个百分点。其中，规模以上水泥制造业应收账款净额 753 亿元，同比增加 114 亿元，增长 17.8%；混凝土与水泥制品业应收账款净额 1918 亿元，同比增加 372 亿元，增长 24.1%；建筑技术玻璃制造业应收账款净额 232 亿元，同比增加 36 亿元，增长 18.4%。建材工业特别是水泥、混凝土与水泥制品和建筑技术玻璃制造业经营风险加大，财务坏账风险增加。

转型升级面临诸多挑战：一是转变发展方式、改变经营模式、提高经济运行质量与效益任务相当艰巨；二是科技研发和技术创新严重不足，行业转型升级缺乏支撑；三是传统产业产能严重过剩，新兴产业发展缓慢；四是节能减排虽然有所进步，但约束性、制约性政策与标准的提升，使建材行业面临前所未有的挑战。

3.2　机械装备工业

经历持续近十年的高速增长，我国机械装备工业开始逐步进入平稳增长时期。在宏观经济逐渐步入新常态条件下，2013 年，机械装备工业仍然实现了全行业平稳增长，产销、效益等主要经济指标均实现适度增长，技术创新和转型升级步伐加快。展望 2014 年，在政策引导和市场倒逼的双重作用下，机械装备工业的产品结构将趋于优化，产业竞争力有望进一步提升。

3.2.1 行业发展特点

3.2.1.1 机械装备工业总体情况

行业总体呈现回升势头。2013 年，机械装备工业增加值比上年增长 10.9%，增幅较上年提高 2.5 个百分点，且高于同期全国工业平均增速 1.2 个百分点，回升势头强于全国工业年均水平，改变了上年低于全国工业平均增速的局面，生产运行态势持续向好，为实现全国工业稳中求进的总目标做出了贡献。2013 年，机械装备工业累计实现主营业务收入 20.4 万亿元，比上年增长 13.8%，增速较上年提高约 4 个百分点。行业主营业务收入增速逐月缓慢回升，增长态势好于预期。

盈利状况总体有所改善。2013 年，在生产平稳运行的背景下，机械装备工业经济效益增速回升快于产销。全年累计实现利润总额 1.4 万亿元，比上年增长 15.6%，增速较上年提高 10 余个百分点，比同期主营业务收入高 1.8 个百分点。主营业务收入利润率达到 6.9%，较上年提升 0.11 个百分点，全年实现税金总额 7817 亿元，比上年增长 19.5%。在行业总体盈利状况改善的同时，部分企业亏损状况严重。2013 年，机械装备行业亏损面达到 10.9%，较上年高 0.47 个百分点，亏损企业亏损额增长 15.2%。

细分行业增长呈现结构性分化。国家统计局公布的 2013 年 64 种主要机械装备产品中，产量增长的有 39 种，占比为 60.9%；产量下降的有 25 种，占比为 39.1%。与消费直接相关的产品以及自动化、智能化装备，如农机、乘用车、仪器仪表等产销形势较好。投资类产品，如机床、工程机械、重型机械、发电设备等，产销形势相对较差。大中型拖拉机产量为 58.7 万台，同比增长 11.4%。数控机床产量为 20.93 万台，同比增长 2.2%。发电设备产量 1.26 亿千瓦，同比下降 3.3%。汽车产量为 2211.7 万辆，同比增长 12.4%，实现销售 2198 万辆，同比增长 13.9%，产销双双突破 2000 万辆，再创历史新高，连续五年居世界第一位（见表 3-2-1）。

表 3-2-1 2004~2013 年机械百强企业行业分布

年份	2004	2005	2006	2007	2008	2009	2010	2011	2012	2013
农机行业	3	4	5	5	4	6	5	7	7	8
内燃机行业	3	5	4	5	3	6	8	7	8	6
工程机械行业	12	9	10	10	11	11	14	14	13	10
仪器仪表行业	3	3	2	2	2	2	2	2	2	2
文办设备行业	14	6	1	2	2	1				
石化通用机械行业	7	9	13	11	13	11	13	15	17	16
重型机械行业	11	15	15	13	10	12	9	9	7	8
机床工具行业	4	2	7	4	6	4	5	5	5	5
电工电器行业	31	39	35	37	37	38	33	31	31	35
基础件行业	5	6	6	9	9	7	7	6	6	6
其他民用机械行业	7	2	2	2	2	1	1			
综合类							1	3	4	4	4

资料来源：中国机械工业联合会。

对外贸易低速增长。2013 年，机械装备工业累计实现进出口总额 6713 亿美元，比上年增长 3.7%，增速较上年提高 1.2 个百分点。其中，出口 3725 亿美元，增长 6.2%；进口 2988 亿美元，增长 0.7%。全年贸易顺差达 736 亿美元，创历史新高。从出口结构看，全年累计同比增速下降幅度较大的依旧是文化、办公用机械行业、重型矿山行业、电工电器行业。

固定资产投资增速回落趋稳。2013 年，机械装备工业累计完成固定资产投资 3.99 万亿元，同比增长 17.2%，增速分别低于全国和全部制造业 2.4 和 1.3 个百分点，与上年相比回落 7.7 个百分点，增速连续两年显著回落；从逐月走势来看，2012 年下半年以来增速连续回落态势明显趋缓企稳。

订货有所增长但价格依然低迷。2013 年，机械装备工业重点联系企业累计订货在上年低基数基础上，同比增速逐月小幅回升，态势比上年有所好转，全年累计订货额比上年增长 10.2%。但从总体来看，订货增长仍然乏力。在订货不足、供过于求的压力下，产品价格持续低迷。2013 年，机械装备工业价格指数延续了上年的下行走势，至 2013 年底，月度价格指数连续 25 个月低于 100%。

财务状况总体改善，货款回收难问题突出。2013 年，机械装备工业财务费用增速明显回落，全年保持个位数增长，且年中一度出现同比下降。企业利息支出增速较上年同期大幅回落，处于个位数增长水平，企业资金使用成本过快上涨有所缓解。但机械装备企业被拖欠货款现象没有明显改观，至 2013 年底，全行业应收账款总额超过 3 万亿元，同比增长 17.6%，应收账款占主营业务收入比重已达 15.2%，占同期流动资产比重高达 31%，企业资金回收压力较大。

成本上升侵蚀企业盈利能力。2013 年，虽然原材料、燃料等上游产品价格处于低位，但由于劳动、土地等要素价格上涨，机械装备工业总成本上升压力不减。年内主营业务成本同比增速持续上升且始终高于主营业务收入增速，全年主营业务成本增速为 14.5%，高于同期主营业务收入增速 0.7 个百分点。

3.2.1.2　发展水平评估

（1）行业综合指数。

2012 年，机械装备工业行业综合发展水平较上年呈下降趋势。效率、增长、国际竞争力等分项指标大幅下降共同导致机械装备工业行业综合发展水平下降。其中，通用设备工业发展定基指数140，比上年大幅下降20.7，环比指数117.2；专用设备工业发展定基指数169.3，比上年大幅下降50，环比指数104.0；交通运输设备工业发展定基指数113.4，比上年下降12.4，环比指数106.4；电气机械及器材工业发展定基指数112.1，比上年上升1.3，环比指数109.3；通信设备、计算机及其他工业发展定基指数115.3，比上年上升1，环比指数103.8。

（2）效率指数。

2012年，机械装备工业行业效率水平较上年呈下降趋势。其中，通用设备工业效率定基指数123.0，比上年上升8.5，环比指数为89.8；专用设备工业效率定基指数102.3，比上年下降5.9，环比指数84.0；交通运输设备工业效率定基指数89.7，比上年下降2.0，环比指数85.2；电气机械及器材工业效率定基指数95.7，比上年下降10.3，环比指数84.3；通信设备、计算机及其他工业效率定基指数82.1，比上年下降16.1，环比指数94.8。

（3）创新指数。

2012年，机械装备工业行业创新水平比上年呈上升趋势，R&D人员占从业人员比重、R&D经费占产品销售收入比重下降是导致机械装备工业创新水平上升的主要原因。其中，通用设备工业创新定基指数91.0，比上年上升34.3，环比指数163.9；专用设备工业创新定基指数107.1，比上年上升29.3，环比指数156.5；交通运输设备工业创新定基指数79.2，比上年上升22.8，环比指数154.1；电气机械及器材工业创新定基指数126.9，比上年上升42.9，环比指数为151.5；通信设备、计算机及其他工业创新定基指数133.4，比上年上升35.1，环比指数135.4。

（4）绿色发展指数。

2012 年，机械装备工业行业绿色发展水平比上年呈上升趋势，废水排放产出强度、废气排放产出强度下降是导致机械装备工业绿色发展水平上升的主要原因。通用设备工业绿色发展定基指数 360.8，比上年上升 47.1，环比指数为 159.1；专用设备工业绿色发展定基指数 483.8，比上年上升 75.2，环比指数为 155.3；交通运输设备工业绿色发展定基指数 316.6，比上年上升 24.6，环比指数为 131.4；电气机械及器材工业绿色发展定基指数为 266.4，比上年上升 25.6，环比指数为 152.5；通信设备、计算机及其他工业绿色发展定基指数 213.0，比上年上升 41.9，环比指数为 125.7。

（5）增长指数。

2012 年，机械装备工业行业增长水平比上年呈大幅下降趋势，工业增速持续低迷。其中，通用设备工业增长定基指数 54.2，比上年大幅下降 174.9，环比指数为 64.0；专用设备工业增长定基指数 56.5，比上年大幅下降 170.6，环比指数为 60.2；交通运输设备工业增长定基指数 45.9，比上年大幅下降 79.0，环比指数为 71.9；电气机械及器材工业增长定基指数 74.2，比上年下降 21.5，环比指数为 78.3；通信设备、计算机及其他工业增长定基指数 71.1，比上年下降 15.7，环比指数为 83.8。

（6）国际竞争力指数。

2012 年，机械装备工业行业国际竞争力水平比上年呈下降趋势。通用设备工业国际竞争力定基指数 188.7，比上年上升 53.0，环比指数为 139.1；专用设备工业国际竞争力定基指数 302.1，比上年大幅下降 245.7，环比指数为 55.1；交通运输设备工业国际竞争力定基指数 122.2，比上年下降 15.5，环比指数为 88.7；电气机械及器材工业国际竞争力定基指数 80.6，比上年下降 45.0，环比指数为 64.2；通信设备、计算机及其他工业国际竞争力定基指数 78.7，比上年下降 50.1，环比指数为 61.1。

3.2.1.3 工程机械

产销同比下滑。2013 年，全国工程机械行业共完成工业总产值 5748.9 亿元，同比下降 4.5%。全行业实现销售产值 5663 亿元，同比下降 4.3%。产品销量严重下滑，行业整体下滑幅度达 20% 以上，其中工程机械主要产品挖掘机、装载机、推土机、压路机分别销售 11.5 万台、17.3 万台、1.1 万台和 1.3 万台，同比分别下滑 34.1%、28.9%、18.5%、39.5% 和 19.8%（见图 3 - 2 - 1）。

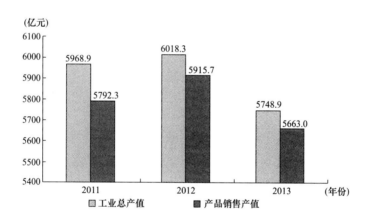

图 3 - 2 - 1　2011 ~ 2013 年工程机械工业总产值和产品销售产值

资料来源：中国工程机械工业协会。

盈利能力显著下降。2011 年达到历史最高点后，国内工程机械行业净利润连续两年出现超过 30% 以上的负增长。2013 年，工程机械行业实现净利润 83.6 亿元，较 2012 年减少 83.1 亿元，跌幅达 49.7%（见图 3 - 2 - 2）。

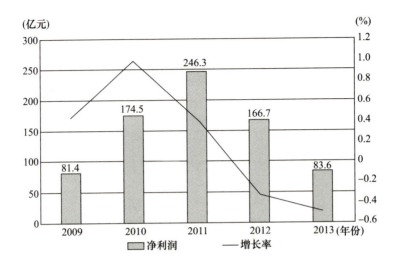

图 3－2－2 2009～2013年国内工程机械净利润及其增长率

资料来源：Wind 资讯。

　　市场集中度进一步提高。2013 年，中国工程机械制造商 20
强销售总额约占行业总产值的 50% 以上。以三一、柳工、龙工
等为代表的龙头企业占据工程机械 72.8% 的市场销售份额。其
中挖掘机、装载机、压路机、推土机等产品的市场占有率分别
为 71.2%、93.4%、86.8% 和 99.5%（见表 3－2－2）。

表 3－2－2 2013年主要工程机械产品市场占有情况 　　单位:%

挖掘机		装载机		压路机		推土机	
三一	14.0	临工	20.6	徐工	26.9	山推	60.5
卡特彼勒	8.5	柳工	20.5	厦工三重	10.4	宣工	8.9
小松	8.3	龙工	16.6	洛阳路通	9.5	中联重科	7.5
日立建机	7.5	厦工	15.1	柳工	8.9	移山	5.6
斗山	7.4	山工	4.6	山推股份	7.2	国机重工	4.7
神钢	7.2	福田雷沃	4.3	国机洛建	6.5	柳工	3.9
沃尔沃	6.1	成工神钢	3.9	江苏骏马	4.7	彭浦	3.7
柳工	4.4	常林股份	3.4	常林股份	4.3	大地	2.7
山重建机	4.1	山东德工	2.8	三一重工	4.3	厦工三重	1.4

挖掘机		装载机		压路机		推土机	
玉柴	3.7	山东一能	1.6	龙工	4.1	宇通重工	0.6
前十合计	71.2	前十合计	93.4	前十合计	86.8	前十合计	99.5

资料来源：中国产业信息网、中国工程机械联合会。

出口保持稳步增长，进口出现明显下滑。2013年，工程机械进出口贸易总额为242.7亿美元，较2012年减少0.4亿美元，同比下降0.2%。2013年贸易顺差为147.9亿美元，同比增长14.4%。2011年开始，工程机械产品进口连续三年呈现负增长，2013年进口总额47.4亿美元，同比下降16.7%。出口保持稳步增长，2009～2013年，工程机械产品出口连续五年增长。2013年出口总额为195.3亿美元，同比增长4.9%（见图3-2-3）。

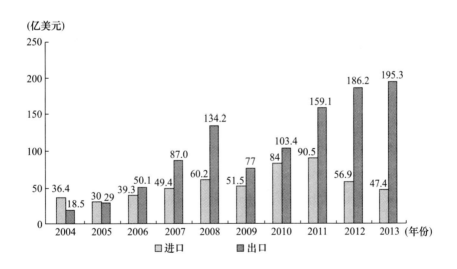

（亿美元）

图3-2-3　2004～2013中国工程机械产品进出口情况

资料来源：中国工程机械工业协会。

并购重组活跃。2013年1月2日，中联重科全资并购德国

M－TEC 并完成对 CIFA 的全资控股。4 月 11 日，太原重工以 5500 万元收购太重（察右中旗）新能源实业有限公司。6 月 28 日，潍柴动力收购凯傲，并成功挂牌交易。10 月 31 日，柳工波兰签订收购波兰 ZZN 厂的合同。7 月 1 日，三一重工收购普茨迈斯特剩余 10% 的股权，完成 100% 控股。12 月 10 日，澳大利亚柒集团收购卡特彼勒中国业务。12 月 11 日，三一重工与帕尔菲格交叉持有 10% 的股权。

关键技术突破取得新进展。中联重科研制成功国际首创超吊动臂技术，公司拥有超吊动臂技术完全自主知识产权。徐工集团研发出我国首台压缩天然气装载机 600K（CNG），与传统燃料柴油相比，有害气体排放减少 70%，费用节省 30%。在混凝土机械领域，中联重科成功首创变姿态臂架回转主动减振技术，三一重工 C8 泵车首创超强智能减振技术，使臂架在泵送过程中的振动减少 50%。

3.2.1.4 机床工具

产销小幅增长。2013 年，机床工具行业累计实现产品销售产值 8026.3 亿元，同比增长 3.5%。机床工具行业重点子行业中，金属切削机床累计生产 72.6 万台，同比下降 1.5%，实现产品销售收入 1502.6 亿元，同比增长 0.8%。金属成形机床累计生产 23.3 万台，同比增长 0.1%，实现产品销售收入 755.2 亿，同比增长 16.1%（见图 3－2－4）。

盈利能力有所回升。2013 年，机床工具行业实现主营业务收入 9022.1 亿元，同比增长 13.5%。实现利润 495.9 亿元，同比增长 8.8%。机床工具行业重点子行业中，除金属切削机床行业利润有所下降外，其他子行业利润均出现不同程度的增长。金属切削机床行业累计完成利润总额 52.9 亿元，同比下降 15.8%。切削工具行业累计完成利润总额 44.5 亿元，同比增长

11.5%。金属成形机床行业累计完成利润总额 49.9 亿元，同比增长 10.5%。铸造机械行业累计完成利润总额 56.3 亿元，同比增长 9.9%（见表 3 - 2 - 3）。

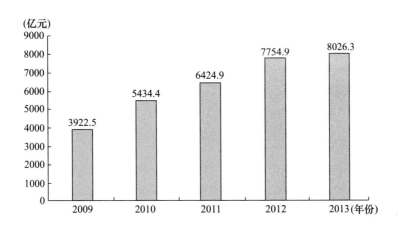

（亿元）

图 3 - 2 - 4　机床工具工业产品销售产值

资料来源：中国机床工具工业协会、中国机械工业联合会。

表 3 - 2 - 3　2013 年机床工具重点子行业盈利情况

重点子行业	金属切削机床	切削工具	金属成形机床	铸造机械
利润总额（亿元）	52.2	44.5	49.9	56.3
利润总额增长率（%）	- 15.8	11.5	10.5	9.9

资料来源：中国机械工业联合会。

进口下降明显，出口继续稳步增长。2013 年，中国机床工具累计进出口总额达到 256.2 亿美元，同比下降 12.9%。出口额 95.3 亿美元，同比增长 3.2%，其中，金属加工机床出口 28.6 亿美元，同比增长 4.4%；进口额 160.9 亿美元，同比下降 20.2%，其中，金属加工机床进口 101.0 亿美元，同比下降 26.0%。进出口贸易逆差 65.6 亿美元，同比下降 40.1%。

我国机床行业产品数控化率进一步提高。2013 年，在要素成本上涨压力的驱动下，制造业生产自动化、智能化步伐加快，机械装备数字化进程继续加快。我国数控金属切削机床产量从 2004 年的 5.2 万台增长至 2013 年的 20.9 万台。同年，我国数控金属切削机床行业产量呈现增长态势，同比增长 1.75%。2011 年至 2013 年，金属加工机床产出数控化率连续三年增长，由 2011 年的 64.2% 迅速提升到 2013 年的 67.4%，2013 年较 2012 年增长 8.2%。

研发创新成果显著。沈阳机床打破国外在重心驱动及直接驱动 B 轴技术方面的技术垄断，依托 i5 数控系统的核心技术，结合互联网技术，打造全新一代智能化数控机床。秦川机床自主研发的国内首套智能数字化精密齿轮加工生产线投入使用，效率较传统方式提高 55%，节能 35% 以上。

3.2.1.5 汽车工业

汽车产销稳中有增。2013 年，我国汽车产量 2211.68 万辆，同比增长 14.8%，汽车销售 2198.4 万辆，同比增长 14.8%。产销比达 99.4%。汽车工业产值占 GDP 的比重稳步提升。2013 年，我国汽车工业总产值突破 2.5 万亿元，2005～2013 年均复合增速达到 20.5%，占 GDP 比重稳步提升至 4.3%（见图 3 - 2 - 5）。

乘用车产销增长明显，自主品牌乘用车市场份额小幅下降。2013 年，乘用车产量 1808.5 万辆，同比增长 16.5%。乘用车销量 1792.89 万辆，同比增长 15.7%，产销比达 99.1%。2013 年，自主品牌乘用车销售 722.2 万辆，同比增长 11.4%，占乘用车销售市场的 40.3%，市场份额同比下降 1.6 个百分点。其中自主品牌轿车销售 330.6 万辆，占轿车市场的 27.5%，市场份额同比下降 0.85 个百分点（见图 3 - 2 - 6）。

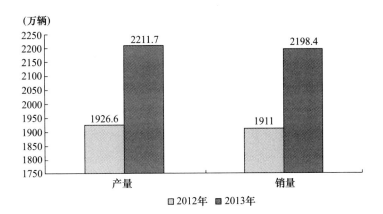

图 3 - 2 - 5　2012 ~ 2013 年汽车产品生产和销售情况

资料来源：中国机械工业联合会、中国汽车工业协会。

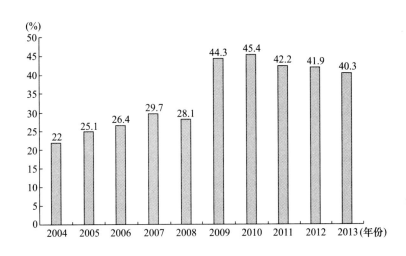

图 3 - 2 - 6　2004 ~ 2013 年中国乘用车市场自主品牌市场占有率

资料来源：工信部装备司、中国汽车工业协会。

商用车产销小幅回落。2013 年，商用车产量 405.5 万辆，同比增长 7.6%。商用车销量结束 2011 以来持续下滑的态势，2013 年销量为 403.2 万辆，同比增长 6.4%。产销比达 99.4%（见图 3 - 2 - 7）。

　　企业经济效益持续向好。除 2008 年受全球金融危机影响汽车行业净利润有所下降外，2006～2013 年的其他年份，汽车行业净利润均出现不同程度增长。2013 年，实现营业收入 1.06 万亿元，同比增长 10.9%。2013 年，汽车行业实现净利润 4361.0亿元，同比增长 34.9%（见图 3－2－8）。

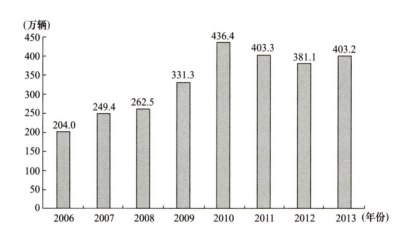

图 3－2－7　2006～2013 年商用汽车销量

资料来源：工信部装备司、中国汽车工业协会。

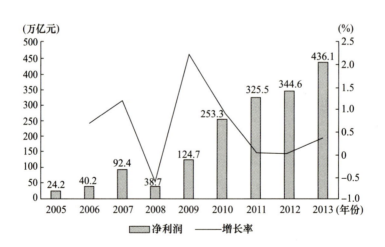

图 3－2－8　2005～2013 年汽车行业净利润及其增长率

资料来源：Wind 资讯。

行业市场集中度小幅提升。2013年，6家汽车生产企业（集团）产销规模超过100万辆，其中上汽销量突破500万辆，达到507.3万辆，东风、一汽、长安、北汽和广汽分别达到353.5万辆、290.8万辆、220.3万辆、211.1万辆和100.4万辆。前5家企业（集团）2013年共销售汽车1583.1万辆，占汽车销售总量的72.0%，汽车产业集中度同比增长0.4%。我国汽车销量前十名的企业集团共销售汽车1943.1万辆，占汽车销售总量的88.4%，汽车产业集中度同比增长1.4%（见图3-2-9）。

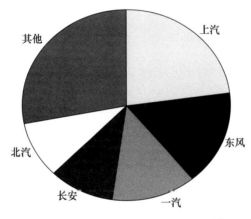

图3-2-9　2013年国内汽车销售市场占有情况

资料来源：工信部装备司、中国汽车工业协会。

进口市场保持增长。2013年，汽车商品进出口总额达到1609.4亿美元，同比增长5.4%，增幅较上年略有回落。2013年，汽车商品进口金额825.2亿美元，同比增长5.5%，其中，整车进口119.5万辆，同比增长5.6%，进口金额489.7亿美元，同比增长3.0%，增幅较上年均有所回落。在汽车主要进口品种中，轿车进口呈小幅下降，小型客车继续保持较快增长。

出口有所回落。2013 年，汽车累计出口金额达 784.2 亿美元，同比增长 5.3%。汽车整车出口 94.8 万辆，同比下降 6.6%，出口金额 129.1 亿美元，同比下降 5.8%。在汽车整车出口主要品种中，轿车和载货车下降较明显，客车增幅较上年明显提升。

自主创新力度进一步加大。2010～2013 年，汽车行业研发经费投入增长较快。研发经费占营业收入比重始终保持在 1.5% 左右。2013 年，23 家上市整车企业研发费用总额为 209 亿元，同比增加 8%。其中，上汽集团研发金额最多。从研发费用占营业收入比重看，江铃汽车 2013 年以 5.69% 的比重位居首位。根据 J. D. Power 的数据，自主品牌乘用车新车质量 PPS100（每百辆车问题数）从 2003 年的 469 个减少到 2014 年的 131 个，进步明显。

3.2.1.6 船舶工业

2013 年，船舶行业在提高经济运行质量、新接船舶订单、加强科技研发、推进结构调整升级、优化资源配置、尝试创新金融业务等方面取得了新的突破。但由于国际市场需求萎缩，交船难、盈利难、融资难等问题依然存在，全行业主要经济指标出现不同程度下降。

造船三大指标涨落互现。2013 年，全国造船完工量 4534 万载重吨，同比下降 24.7%，其中海船为 1551 万修正总吨；新承接船舶订单量 6984 万载重吨，同比增长 242.2%，其中海船 2281 万修正总吨。截至 12 月底，手持船舶订单量 13100 万载重吨，同比增长 22.5%，其中海船 4246 万修正总吨，出口船舶占总量的 88.1%。2013 年，全国完工出口船 3573 万载重吨，同比下降 27.9%；承接出口船订单 6474 万载重吨，同比增长 333%。截至 12 月底，手持出口船订单 11541 万载重吨，同比增长

30.5%。出口船舶分别占全国造船完工量、新接订单量、手持订单量的78.8%、92.7%和88.1%。

国际竞争力稳步提升，造船三大指标市场份额继续保持世界领先。2013年，造船完工量、新接订单量、手持订单量分别占世界总量的42.1%、48.2%和46.1%，其中新接订单量比2012年提高4.3个百分点。高技术船舶接单取得新突破。2013年，新接6艘17.4万立方米双燃料电力推进大型液化天然气船（LNG）、4艘8.3万立方米大型液化气体运输船（VLGC）。新承接8000箱及以上大型集装箱船共计64艘，约占世界总量的40%。新接船舶订单进一步向优势企业集中。2013年，前20家企业新承接订单合计5586万载重吨，占全国总量的80.0%，比2012年提高5.5个百分点。

海洋工程装备订单大幅增加。2013年，我国各类海洋工程装备订单超过180亿美元，约占世界市场份额的29.5%，比2012年提高16个百分点，超过新加坡，位居世界第二。新承接各类海洋工程平台共61座和1艘钻井船，其中自升式钻井平台49座，占世界总量一半以上。

船舶行业经济效益延续下降态势。2013年1~11月，全国规模以上船舶工业企业共1664家，实现主营业务收入6001亿元，同比下降3.6%。其中，船舶制造企业4071亿元，同比下降6.2%；船舶配套企业932亿元，同比下降2.1%；船舶修理企业225亿元，同比增长11.4%。规模以上船舶工业企业实现利润总额252亿元，同比下降13.1%。其中，船舶制造企业171亿元，同比下降18.3%；船舶配套企业47.2亿元，同比增长7.8%；船舶修理企业4.2亿元，同比增长13.1%。

国务院出台多项政策助力技术创新。国务院印发《船舶工业加快结构调整促进转型升级实施方案（2013~2015年）》、

《关于化解产能严重过剩矛盾的指导意见》。这两项政策明确了我国船舶工业未来发展的路线图，指引产业未来发展；实施"建设海洋强国"战略，助推我国实现由造船大国向造船强国的转变，拉动船舶工业、装备制造业与钢铁产业、材料产业等整条产业链。两项政策的出台，加快了我国船舶工业结构调整、转型升级步伐，对我国船舶工业实现健康有序发展起到极大促进作用。

3.2.2 机械装备工业的问题与挑战

资金压力增大。2013 年，企业应收账款居高不下，被拖欠货款的现象未有明显改观，企业流动资金被大量占用。伴随着我国经济增长方式的转变，用工、融资原材料及动力购进等成本费用的上升正由企业短期困难演变为长期压力。同时，国际流动性资金收紧，进一步加大了企业资金流动性紧缩的压力。

出口增长困难大。2013 年，尽管机械装备工业贸易顺差达到 736 亿美元的历史新高。我国机械装备产品虽有一定的国际比较优势，但持续多年的出口高速增长已引发了日益剧烈的贸易摩擦，加之人民币汇率持续攀升，导致我国机械装备产品进一步扩大出口的难度加大。不仅如此，发达国家还在极力扩大在我国高端装备市场的优势，并加大力度挤占我国终端市场。

需求低价格低迷。2013 年，机械装备工业重点联系企业累计订货在上年低基数基础上同比增速逐月小幅回升，态势比上年有所好转，全年累计订货额比上年增长 10.2%。但总体看，订货增长仍然乏力。2013 年，机械装备工业价格指数延续 2012 年的下行走势，至年底，当月价格指数连续 25 个月低于 100%。

人力和环境资源成本快速攀升挤压利润空间。2013 年，虽然原材料、燃料等上游产品价格仍处于相对低位，但机械装备工业成本上升压力依旧不减，主营活动效益上行艰难，主营活动利润率仅为 6.57%，比 2012 年下降 0.41 个百分点。随着人力和环境资源成本进入快速上升通道，将进一步挤压国内企业的利润空间。

核心装备和关键零部件依赖进口严重。我国机械装备产品无世界品牌，缺少具有自主知识产权和较强国际竞争力的产品。虽然近几年我国机械装备工业产业结构调整取得不少成效，但总体上看差距还很大，没有实现质的变化。许多与重大技术装备有关的核心技术和关键产品仍依靠进口，高档数控机床也大量依赖进口，发达国家对我国航天航空、国防军工急需的高级数控机床长期实行禁运。面对不利的市场环境，企业对基础试验及试验能力建设的投入明显加大，大电流和高电压试验能力等少数领域已达世界同行先进水平，高端控制系统受制于进口的局面开始发生变化。此外，企业海外并购热潮涌动，这些并购反映出机械装备企业正通过多种方式提升技术创新能力以拓展市场，加快产业升级。

3.3 消费品工业

2013 年，消费品工业保持平稳增长，增速稍有回落；结构调整取得积极进展，规模以上企业整体经济效益向好，但盈利能力有待提高；行业出口保持较快增长，纺织服装和食品行业出口增速回升；行业技术改造步伐加快，节能减排顺利推进；消费品工业增长对整个工业平稳发展发挥了重要的支撑作用。

3.3.1 消费品工业总体发展特点

一是生产保持平稳增长，增速低于全国工业 0.12 个百分点。消费品工业规模以上企业工业增加值同比增长 9.6%，回落 1.4 个百分点，比同期工业增加值增速低 0.12 个百分点。其中，轻工、纺织和医药行业分别增长 9.9%、8.3% 和 12.7%，增速较上年有所下降（见图 3 - 3 - 1）。

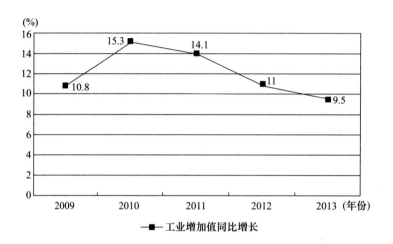

图 3 - 3 - 1 2009 年以来消费品工业增加值增速

资料来源：国家统计局。

二是利润保持较快增长，经济效益总体向好。消费品工业规模以上企业累计完成利润 2 万亿元，同比增长 15.1%，比上年下降 2.7 个百分点，但比全部工业高出 2.9 个百分点，占全部工业的 31.8%，对整个工业平稳健康发展发挥了重要的支撑作用。其中，轻工、纺织和医药行业同比分别增长 14.5%、15.8% 和 17.3%。

三是出口保持小幅增长，增速继续回落。消费品工业累计完成出口交货值约 3.5 万亿元，同比增长 6.2%，比全部工业高 1.2 个百分点，增速较上年回落 0.4 个百分点。其中，轻工、纺织和医药等行业同比分别增长 5.8%、7.2% 和 6.0%。

3.3.2 纺织工业

3.3.2.1 发展特点

生产增长基本平稳，多数产品产量增速有所下降。规模以上纺织企业工业增加值同比增长 8.3%，增速较上年下降 2.2 个百分点。从产品大类看，除纱线之外，其余主要产品产量增速均有所下降。纱线生产 3200 万吨，较上年增长 7.2%，增速提高 3.2 个百分点；布生产 897 亿米，较上年增长 5.7%，增速回落 5.8 个百分点；化纤产量 4122 万吨，较上年增长 8.2%，增速回落 3.6 个百分点；服装产量 271 亿件，较上年增长 1.3%，增速回落 4.9 个百分点。纺织工业增加值增速与主要产品产量增速如图 3 - 3 - 2 所示。

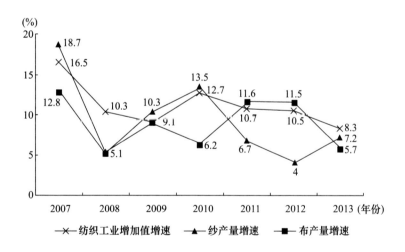

图 3 - 3 - 2　纺织工业增加值增速与主要产品产量增速

资料来源：国家统计局。

出口呈现较快增长，增速有所回升。根据海关统计数据，2013 年，我国纺织品服装出口额为 2920.8 亿美元，较上年增长

11.2%，增速提高 7.9 个百分点。其中，纺织品出口 1138.5 亿美元，较上年增长 11.2%；服装出口 1782.2 亿美元，较上年增长 11.3%，增速分别提高 7.9 和 6.8 个百分点。2013 年，纺织业出口额占全国比重 12.9%，贸易顺差贡献度达 99.21%。

内销规模继续扩大，内需增速较上年回落。根据国家统计局数据，2013 年，全国限额以上服装鞋帽、纺织品零售额达 11.89 万亿元，较上年增长 11.5%，增速降低 6.5 个百分点，低于全国社会消费品零售总额增速 1.6 个百分点。

产业结构调整取得进展，发展质量有所提升。纺织工业新的增长点正在形成。2013 年，产业用纺织品产量达到 1130 万吨，同比增加 11.9%，服装、家用、产业用三大终端产业纤维消费比例优化至 48∶29∶23。服装、家纺行业利润率、资产周转率等运行指标均优于行业平均水平。综合来看，纺织工业发展质量有所提升。

固定资产投资增长基本平稳，东部地区投资增速加快。纺织行业 500 万元以上项目固定资产投资新开工项目为 13718 个，同比增长 5.86%；实际投资完成额为 9140.3 亿元，同比增长 17.3%，增速分别提高 10.8 和 2.7 个百分点。东部地区投资增长较快，2013 年实际完成投资额同比增长 19.2%，高于中西部地区投资增速 4.6 个百分点。

行业经济效益有所改善，但盈利情况不容乐观。2013 年，全国 3.9 万户规模以上纺织企业实现主营业务收入 63848.9 亿元，同比增长 11.5%，增速高于上年同期 0.9 个百分点；实现利润总额 3506.0 亿元，同比增长 15.8%，高于上年同期 8.1 个百分点；销售利润率为 5.5%，较上年同期提高 0.2 个百分点。总资产周转率 1.6 次/年，同比提高 2.3%；三费比例 6.2%，同比下降 0.1 个百分点。行业亏损面 11.5%，较上年同期下降 1.0

个百分点，亏损企业亏损额同比减少 0.8%。

3.3.2.2 发展水平评估

（1）发展指数。

2012 年，纺织业发展定基指数为 104.2，比上年下降 5.3。纺织业发展指数下降主要是由效益和国际竞争力分项指标下降造成的（见图 3 - 3 - 3）。纺织服装、鞋、帽业发展定基指数为 120.8，比上年上升 6.1，其发展指数的改善主要得益于效率、创新、绿色发展分项指标的上升（见图 3 - 3 - 4）。

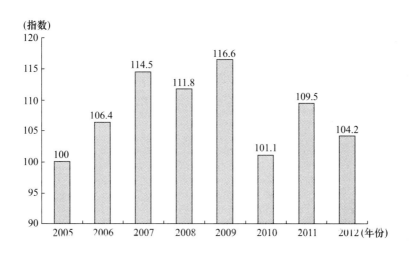

图 3 - 3 - 3 纺织业发展定基指数（基期：2005 年）

（2）效率。

2012 年，纺织业效率定基指数为 124.4，比上年上升 13.2，纺织服装、鞋、帽业效率定基指数为 164.1，比上年上升 67.1。纺织工业整体效率提升较快（见图 3 - 3 - 5）。

（3）创新。

2012 年，纺织业创新定基指数为 74.7，比上年上升 16.7，主要得益于 R&D 投入增加和 R&D 人员占比提高；纺织服装、鞋、帽业创新定基指数为 90.6，比上年大幅上升 68.6，主要得益于专利申请数量上升和 R&D 投入增加（见图 3-3-6）。

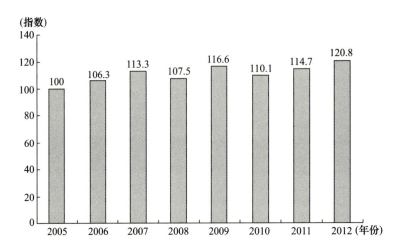

图 3-3-4　纺织服装、鞋、帽业发展定基指数（基期：2005 年）

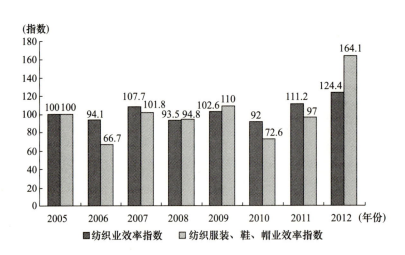

图 3-3-5　纺织工业效率定基指数（基期：2005 年）

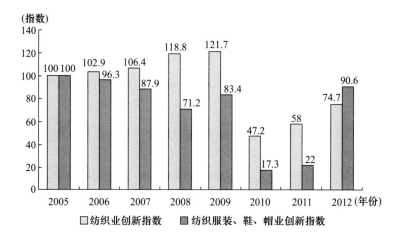

图 3 - 3 - 6　纺织工业创新定基指数（基期：2005 年）

（4）绿色发展。

2012 年，纺织业绿色发展定基指数为 234.8，比上年提高 37.6；纺织服装、鞋、帽业绿色发展定基指数为 228.1，比上年提高 58.3。工业能源效率、废水排放产出强度、废气排放产出强度分项指数的上升，是纺织工业绿色发展定基指数大幅上升的内在原因（见图 3 - 3 - 7）。

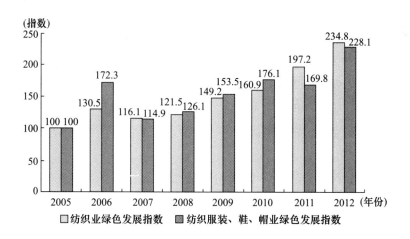

图 3 - 3 - 7　纺织工业绿色发展定基指数（基期：2005 年）

（5）效益。

2012 年，纺织业效益定基指数为 93，比上年降低 4.4；纺织服装、鞋、帽业效益定基指数为 60.7，比上年大幅下降 103.1。比较而言，纺织服装、鞋、帽业销售利润率下降较多，纺织业相对稳定（见图 3 - 3 - 8）。

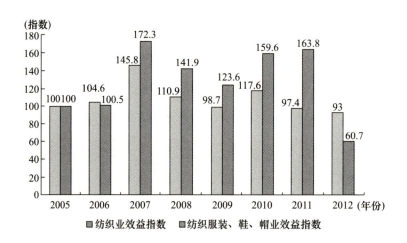

图 3 - 3 - 8　纺织工业效益定基指数（基期：2005 年）

（6）国际竞争力。

2013 年，纺织业国际竞争力定基指数为 45.9，比上年大幅下降 68.3；纺织服装、鞋、帽业国际竞争力定基指数为 33.1，比上年大幅下降 66.7。受出口疲软影响，纺织工业贸易竞争力明显下降（见图 3 - 3 - 9）。

3.3.3　医药工业

3.3.3.1　发展特点

生产保持快速增长，产业规模稳步扩张。2013 年，医药工业增加值同比增长 12.7%，增速较上年回落 1.8 个百分点，但

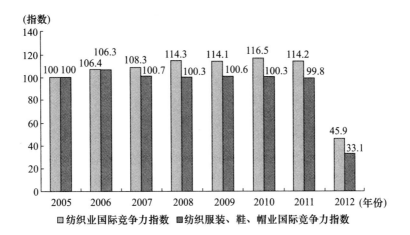

图 3 - 3 - 9　纺织工业国际竞争力定基指数（基期：2005 年）

高于全国工业平均水平 3.0 个百分点，处于各工业大类前列，在整体工业增加值中所占比重不断增加。医药行业工业增加值增速如图 3 - 3 - 10 所示。

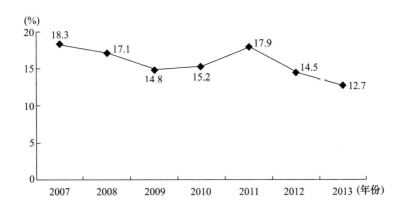

图 3 - 3 - 10　医药行业工业增加值增速

资料来源：国家统计局。

　　主营业务收入保持快速增长，增速有所放缓。2013 年，医药工业规模以上企业实现主营业务收入 21681.6 亿元，同比增长 17.9%。主营业务收入突破 2 万亿元大关，但增长速度较 2012 年的 20.4% 下降 2.5 个百分点，自 2007 年以来首次低于 20%。其中，化学原料药收入 3820 亿元，同比增长 13.7%；化学药品制剂收入 5731 亿元，同比增长 15.8%；中药饮片收入 1259 亿元，同比增长 26.9%；中成药收入 5065 亿元，同比增长 21.1%；生物生化药品收入 2381 亿元，同比增长 17.5%；医疗器械收入 1889 亿元，同比增长 17.2%。化学原料药继 2012 年仍然是增长最慢的子行业。

整体盈利能力略有下降。2013 年，医药工业规模以上企业实现利润总额 2197.0 亿元，同比增长 17.6%，增速较 2012 年下降 2.8 个百分点。营业收入利润率 10.1%，较上年低 0.03 个百分点，略有下降，八个子行业中，化学原料药和中药饮片利润率低于行业平均水平。2013 年，医药工业规模以上企业实现利税总额 3336.3 亿元，同比增长 17.6%。亏损企业数量同比增加 12.8%，亏损总额同比增长 9.6%，显示企业效益进一步分化。

产品出口继续低速增长。2013 年，医药工业规模以上企业实现出口交货值 1606.4 亿元，比上年增长 5.8%，增速回落 1.5 个百分点，仍处于自 2012 年以来的个位数增长。根据海关进出口数据，2013 年，医药出口额为 511.8 亿美元，同比增长 6.8%，增速较 2012 年下降 0.1 个百分点，其中出口居前列的化学原料药出口额为 236.0 亿美元，同比增长 2.6%，医院诊断与治疗设备出口额为 84.8 亿美元，同比增长 9.5%。

固定资产投资保持快速增长，增速有所回落。2013 年，医药工业规模以上企业共完成固定资产投资总额 4526.8 亿元，同比增长 26.5%，增速较上年回落 8.1 个百分点。投资规模在全国制造业中位居前列，增长速度高出制造业平均水平 8 个百分点，延续了"十二五"以来快速增长的势头。医药行业固定资产投资额占全国固定资产投资额的比重为1.05%，占比较上年提高0.07个百分点。根据工信部调研，企业投资重点是GMP改造升级、新厂区建设和新产品产业化。

3.3.3.2 发展水平评估

（1）发展指数。

2012年，医药工业发展定基指数为130.1，与上年基本持平。但从分项指标来看，各有升降。其中创新、绿色发展和效益分项指数上升明显，而效率和国际竞争力指数出现下降（见图3-3-11）。

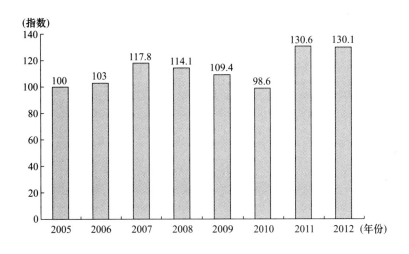

图3-3-11 医药工业发展定基指数（基期：2005年）

（2）效率。

2012年，医药工业效率定基指数为98.5，比上年略下降4.9，行业生产效率有所降低（见图3-3-12）。

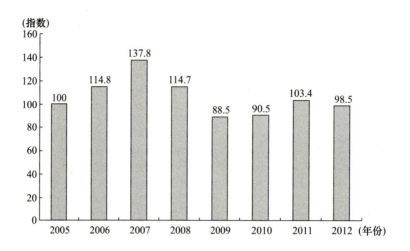

图 3 – 3 – 12　医药工业效率定基指数（基期：2005 年）

（3）创新。

2012 年，医药工业创新定基指数为 106.9，比上年大幅提高 31.3。专利申请数和 R&D 经费占产品销售收入比重上升对创新定基指数走高贡献较大（见图 3 – 3 – 13）。

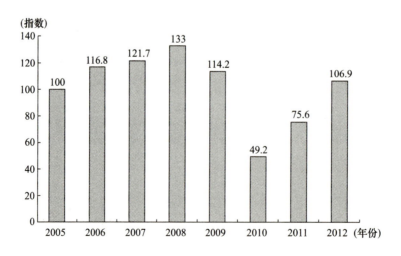

图 3 – 3 – 13　医药工业创新定基指数（基期：2005 年）

（4）绿色发展。

2012 年，医药工业绿色发展定基指数为 274.6，比上年提高 24.7。工业能源效率、废水排放产出强度、废气排放产出强度的提高，共同促进了医药工业绿色发展定基指数的上升（见图 3 - 3 - 14）。

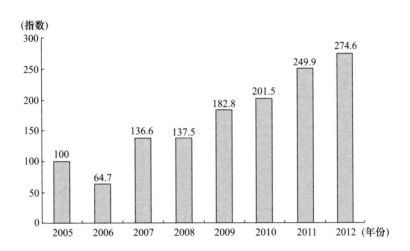

图 3 - 3 - 14　医药工业绿色发展定基指数（基期：2005 年）

（5）效益。

2012 年，医药工业效益定基指数为 100.9，比上年提高 25.6，行业利润率明显提高，行业盈利能力大幅改善（见图 3 - 3 - 15）。

（6）国际竞争力。

2012 年，医药工业国际竞争力定基指数为 65，比上年大幅降低 84.4，这与医药产品出口不振相关（见图 3 - 3 - 16）。

食品工业：生产稳定增长，产业规模继续扩大。2013 年，全国规模以上食品工业企业增加值同比增长 9.1%（比全国工业

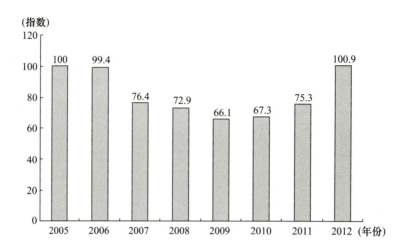

图3-3-15 医药工业效益定基指数（基期：2005年）

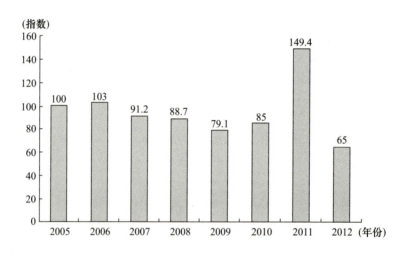

图3-3-16 医药工业国际竞争力定基指数（基期：2005年）

低0.6个百分点），增速回落2.9个百分点，月度增加值增幅在8%～11%波动。分行业看，农副食品加工业增长9.4%，食品制造业增长10.0%，酒、饮料和精制茶制造业增长10.2%，烟草制品业增长6.2%（见图3-3-17）。

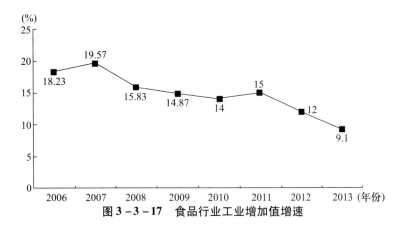

图 3－3－17　食品行业工业增加值增速

资料来源：国家统计局。

进出口继续增长，贸易逆差有所扩大。2013 年，我国食品进出口总额 1531.6 亿美元，同比增长 8.1%，比上年降低 4.4个百分点。其中，出口 579.5 亿美元，同比增长 6.8%，增速比上年提高 4.6 个百分点；进口 952.1 亿美元，同比增长 8.9%，增速比上年下降 11.6 个百分点。贸易逆差 372.6 亿美元，比上年扩大 40.8 亿美元。

收入和利润同步增长，增速放缓。全国规模以上食品工业企业实现主营业务收入 101139.99 亿元，同比增长 13.87%，增幅比上年回落 5.1 个百分点。食品工业实现利润总额 7531.0 亿元，同比增长 13.6%，比上年降低 11.6 个百分点。在食品工业 56 个小类行业中，48 个行业利润同比增长，8 个行业利润下降。在全国 31 个省（区、市）中，有 11 个地区食品工业利润增长超过 20%，其中青海增长 121.89%，重庆、内蒙古、湖北增长率超过 30%。四川、山西、吉林、西藏食品工业利润同比下降。

固定资产投资规模继续扩大。2013 年，食品工业完成固定资产投资 16040.13 亿元，同比增长 25.9%，较上年回落 4.8 个百分点。食品工业投资额占全国固定资产投资额的 3.7%，占比较去年提高 0.2 个百分点。分行业看，农副食品加工业完成投资额 8673.58 亿元，食品制造业完成 3695.49 亿元，酒、饮料和精制茶制造业完成 3367.09 亿元，烟草制品业完成 303.97 亿元，同比分别增长 26.5%、20.7%、30.4% 和 27.3%。除烟草制品业投资增速大幅提高外，其他三个行业投资增速都有所下降。

3.3.3.3 发展水平评估

（1）发展指数。

2012 年，食品饮料行业发展定基指数为 124.1，比上年下降 5.9。食品饮料行业发展指数的下降主要是由效益和国际竞争力分项指数下滑导致的（见图 3-3-18）。

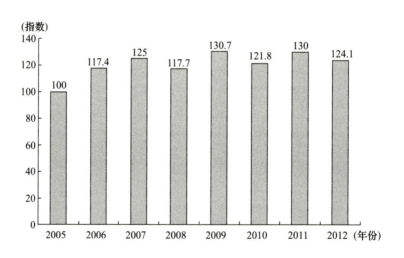

图 3-3-18 食品饮料行业发展定基指数（基期：2005 年）

（2）效率。

2012 年，食品饮料行业效率定基指数为 90.2，比上年上升 4.3，行业生产效率有所改善（见图 3-3-19）。

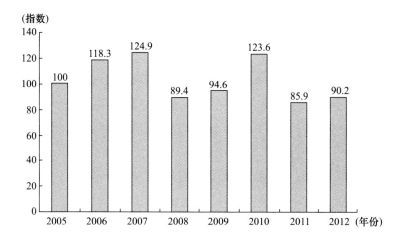

图 3 - 3 - 19　食品饮料行业效率定基指数（基期：2005 年）

（3）创新。

2012 年，食品饮料行业创新定基指数为 69.5，在上年基础上继续回升 9.8。R&D 经费占产品销售收入比重和专利申请数的上升促使了创新定基指数的上升（见图 3 - 3 - 20）。

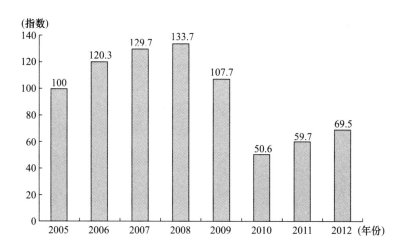

图 3 - 3 - 20　食品饮料行业创新定基指数（基期：2005 年）

（4）绿色发展。

2012 年，食品饮料行业绿色发展定基指数为 309.7，比上年提高 18.6。工业能源效率、废水排放产出强度、废气排放产出强度分项指数的增长，助推了食品饮料行业绿色发展定基指数的上升（见图 3-3-21）。

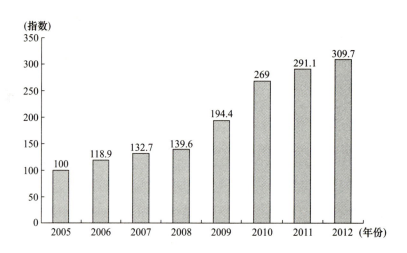

图 3-3-21　食品饮料行业绿色发展定基指数（基期：2005 年）

（5）效益。

2012 年，食品饮料行业效益定基指数为 78.3，比上年下降43.8，显示行业盈利能力下降（见图 3-3-22）。

（6）国际竞争力。

2012 年，食品饮料行业国际竞争力定基指数为 92.3，比上年下降 21.6，贸易竞争力指数从上年的 0.32 下降为 0.16，贸易逆差扩大（见图 3-3-23）。

3.3.4　问题与挑战

（1）内需疲弱、成本上升等因素导致盈利能力不足。

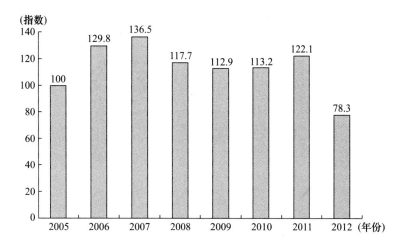

图 3-3-22　食品饮料行业效益定基指数（基期：2005 年）

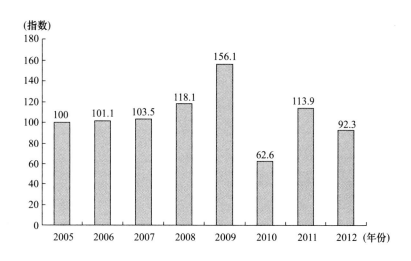

图 3-3-23　食品饮料行业国际竞争力定基指数（基期：2005 年）

　　2013 年，消费品行业利润增长乏力，纺织服装行业仍然有大量亏损企业负债经营。2013 年，消费品出口形势有所好转，但内销市场增长迟缓，制约了消费品的市场销售，加剧了价格竞争态势。劳动力成本上升以及人民币升值，都削弱了消费品出口竞争力。2013 年，我国纺织服装出口在欧盟、美国、日本进口总额中所占份额同比分别下降 1.4、0.4 和 2 个百分点。内外因素交织，导致盈利能力不足。

（2）产业链创新能力弱，转型升级任务艰巨。

虽然各行业龙头企业加大了技术改造力度和研发支出，但消费品行业大部分企业生产规模小、利润率低，由此导致整个行业创新投入不足，产业链创新能力的提高受到限制。在低附加值、低品牌度的生产模式主导下，消费品行业增长方式仍然较为粗放，行业转型升级任重道远。

（3）品牌建设滞后导致国际竞争力低下。

消费品行业国际竞争力的低下，在很大程度上是由于品牌建设滞后导致的。无论服装还是食品，国内高端消费市场几乎被外资品牌占领。中国企业由于品质标准低、品牌建设严重滞后，在对外出口中往往只能通过贴牌或输出初级原料方式获得极低的利润，在产业链分工中无法占据有利位置。

3.4 电子信息产业

3.4.1 行业发展特点

2013 年，面对错综复杂的国内外政治经济形势，我国电子信息产业规模在稳步扩大的同时，发展增速逐步放缓；软件业所占比重不断提升，软硬融合步伐正在加快；新增固定资产投资明显增长，产业投资结构加快转变；制造业能源效率稳步提升，可持续发展能力显著增强；企业创新意识不断增强，创新投入强度大幅提升。与此同时，行业发展也面临巨大挑战，主要表现在以下方面：宏观经济下行压力导致产业转型升级难度加大；成本上涨导致产业向国外出现"双转移"趋势；龙头企业产业链整合能力较弱；国际贸易壁垒抬头，阻碍企业"走出去"。

电子信息产业总体：产业规模稳步扩大，发展增速逐步放缓。进入"十二五"以来，我国电子信息产业规模稳步扩大，销售收入总规模达到 12.4 万亿元，如折合成美元计算，占同期全球 IT 支出比重超过 50%。但是，产业发展增速逐步放缓，销售收入增速从 2010 年的 26.5% 逐年下滑至 2013 年的 13.1%（见图 3-4-1）。

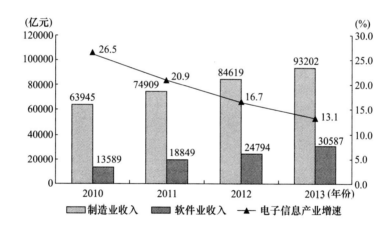

图 3-4-1　2010~2013 年电子信息产业增长情况

资料来源：工业和信息化部。

软硬结构持续优化，软硬融合步伐加快。2013 年，我国软件业务收入突破 3 万亿元，同比增长 23.4%，高于电子信息制造业增速 12.1 个百分点，软件业占全行业比重提升至 24.7%，比 2010 年增长 7.2 个百分点。与此同时，软硬件融合发展的趋势日益明显，绝大多数硬件都含有嵌入式软件、平台软件或应用软件，硬件设备的价值越来越多的取决于其中软件产品的价值技术含量（见图 3 - 4 - 2）。

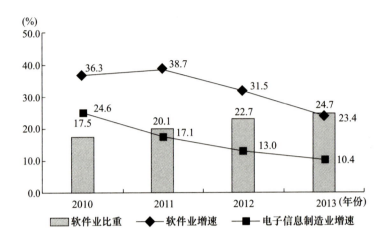

图 3 - 4 - 2　2010～2013 年电子信息产业软硬件结构变化情况

资料来源：工业和信息化部。

产业投资缓慢增长，投资结构加快转变。2013 年，我国电子信息制造业 500 万元以上项目完成固定资产投资额 1.2 万亿元，同比增长 11.4%，增速比上年下降 1.5 个百分点；全年新增固定资产投资 8012 亿元，同比增长 18.7%，增速比上年回升 17.4 个百分点。其中，集成电路和通信设备行业投资活跃，完成投资额分别同比增长 68.2% 和 37%；西部地区完成投资额同比增长 29.2%，比上年提高 24.1 个百分点，高于行业平均水平 11.2 个百分点。

外贸增速有所回落，新兴市场快速增长。2013 年，我国电子信息产品进出口总额达 13302 亿美元，同比增长 12.1%，增速高于同期全国外贸进出口总额水平 4.5 个百分点。与上半年 30% 左右的高速增长相比，下半年进出口增长放缓并逐步趋稳。新兴市场成为我国电子信息产品出口新的增长点，对越南、南非和阿根廷等国出口增速分别达到 78.5%、34.1% 和 23.5%。

电子信息制造业：行业总体实现稳步增长。进入"十二五"以来，我国电子信息制造业综合发展指数稳步增长。以 2005 年为基期，2013 年，行业发展定基指数达到最高值 115.3，比 2010 年提高 10.7（见图 3－4－3）。从指数分解情况来看，绿色发展指数显著增长，对行业发展指数贡献最大；创新指数快速提升；效率指数持续下滑；效益指数和国际竞争力指数大幅下降。2013 年，电子信息制造业始终保持 11% 以上的增长速度，尽管仍然高于全国工业平均水平，但差距开始逐渐缩小（见图 3－4－4）。

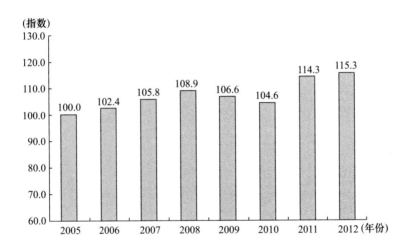

图 3－4－3 电子信息制造业发展定基指数（基期：2005 年）

资料来源：作者绘制。

行业生产效率持续下滑。进入"十二五"以来，我国电子信息制造业 SML 生产效率持续下滑。以 2005 年为基期，2010 年行业生产效率定基指数达到峰值 114.6，随后逐步下滑至 2012 年的 82.1，为"十一五"以来的最低值（见图 3－4－5）。

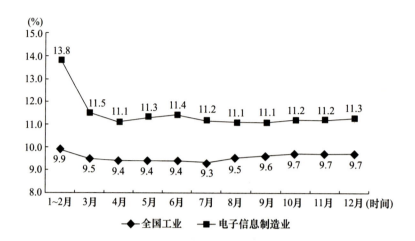

图 3 - 4 - 4　2013 年工业与电子信息制造业增速对比情况

资料来源：工业和信息化部。

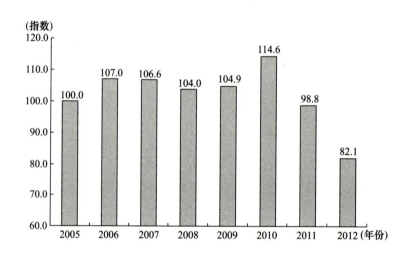

图 3 - 4 - 5　电子信息制造业效率定基指数（基期：2005 年）

资料来源：作者绘制。

行业经济效益明显下降。进入"十二五"以来，我国电子信息制造业经济效益重新回到下降通道。以 2005 年为基期，2012 年行业经济效益定基指数为 71.1，比 2010 年降低 19.4。2013 年行业经济效益有所恢复，我国规模以上电子信息制造业销售利润率为 4.5%，比上年提高 0.4 个百分点，但仍低于工业平均水平 1.6 个百分点（见图 3－4－6）。

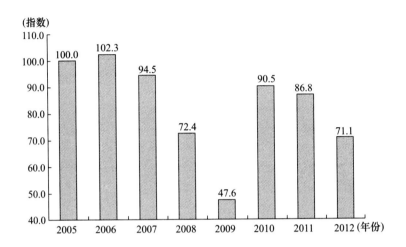

图 3－4－6　电子信息制造业效益定基指数（基期：2005 年）

资料来源：作者绘制。

企业创新投入大幅增长。2012 年，我国电子信息产业的创新政策环境不断优化，促使企业创新投入大幅增长，R&D 经费占产品销售收入比重跨越式增长至 4.53%，是 2011 年研发投入强度的 3 倍多（见表 3－4－1）。以 2005 年为基期，2010 年行业创新定基指数仅为 77.2，仅两年时间就迅速增长至 2012 年的 133.4。我国企业在石墨烯、集成电路、超级计算机等多个重点领域取得技术突破（见图 3－4－7）。

表 3－4－1　电子信息制造业创新投入与产出情况

年份	2005	2006	2007	2008	2009	2010	2011	2012
专利申请数（项）	12838	19886	27894	30386	40263	46209	71890	74811
R&D 人员占从业人员比重（%）	6.70	6.10	6.70	7.10	4.95	4.59	4.80	4.53

续表

年份	2005	2006	2007	2008	2009	2010	2011	2012
R&D 经费占产品销售收入比重（%）	1.20	1.20	1.20	1.30	1.42	1.42	1.48	4.53
新产品销售收入占比（%）	25.1	24.1	24.9	28.7	27.0	27.6	28.7	27.6

资料来源：国家统计局。

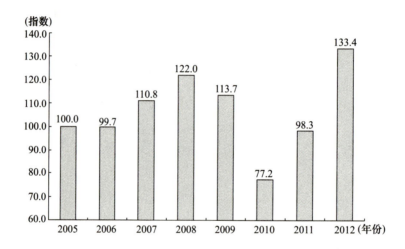

图 3 - 4 - 7　电子信息制造业创新定基指数（基期：2005 年）

资料来源：作者绘制。

可持续发展能力显著增强。2010 年以来，我国电子信息制造业能源效率稳步提升，行业可持续发展能力显著增强。2012 年，行业能源效率达到 26.64 万元/吨标准煤，比 2010 年增长 21.1%（见图 3 - 4 - 8）。以 2005 年为基期，2012 年行业可持续发展定基指数达到 213.0，比 2011 年增长 41.9（见图 3 - 4 - 9）。

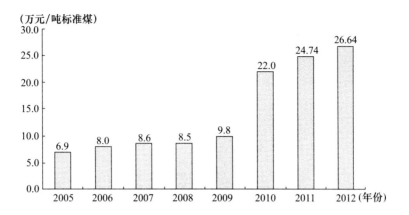

图 3 - 4 - 8　电子信息制造业能源效率变化情况

资料来源：作者绘制。

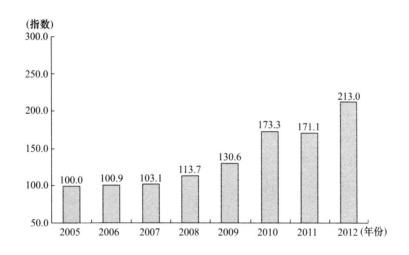

图 3 - 4 - 9　电子信息制造业绿色发展定基指数（基期：2005 年）

资料来源：作者绘制。

国际竞争力跌入谷底。"十二五"开局之年，我国电子信息制造业国际竞争力大幅提升。以 2005 年为基期，2011 年行业国际竞争力定基指数达到最高值128.8，比 2010 年增长40。但是，2012 年行业国际竞争力迅速跌入谷底，定基指数大幅降至

78.7，为"十一五"以来最低值。进入 2013 年，行业进出口形势开始出现好转（见图 3 - 4 - 10）。

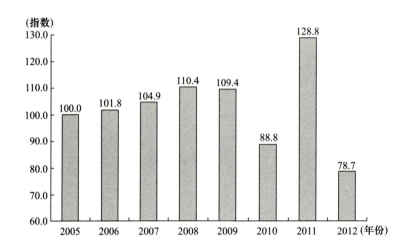

图 3 - 4 - 10　电子信息制造业国际竞争力定基指数（基期：2005 年）

资料来源：作者绘制。

软件业：收入增长小幅回落。2013 年，我国实现软件业务收入突破 3 万亿元，全年累计增速为 23.4%，同比增长 23.4%，增速比上年小幅回落 1.4 个百分点，低于年初 2 个百分点。其中，嵌入式系统软件收入明显波动，数据处理和存储服务收入增长最快（见图 3 - 4 - 11）。

区域发展均衡。2013 年，全国四大区域软件业务收入均实现快速增长，区域之间呈现均衡发展。2013 年 1～11 月，东北部地区软件业规模大幅扩张，共完成软件业务收入 2924 亿元，累计增速达到 29.9%；中、西部地区软件行业加快发展，分别完成软件业务收入 1186 亿元和 2973 亿元，累计增速均为 26.9%；东部地区软件业增速缓步回升，完成软件业务收入 2.13 万亿元，累计增速为 23.7%（见图 3 - 4 - 12）。

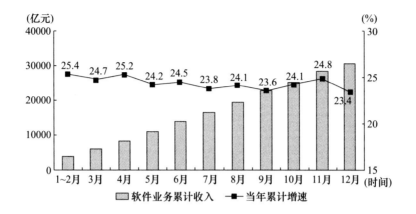

图 3 – 4 – 11　2013 年软件业收入及其增长情况

资料来源：工业和信息化部。

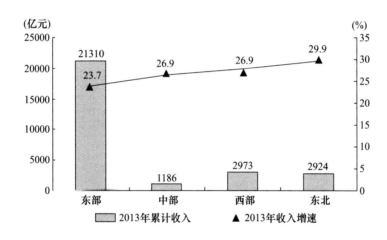

图 3 – 4 – 12　2013 年软件业分区域增长情况

资料来源：工业和信息化部。

　　中心城市领先发展。2013 年 1 ~ 11 月，全国 15 个中心城市共实现软件业务收入 1.59 万亿元，同比增长 27.6%，增速低于上年同期 1.3 个百分点，但高于全国水平 2.8 个百分点。其中中心城市的软件产品、信息系统集成、数据处理和存储服务增速分别达 30.1%、30.2% 和 31.7%，高出全国平均水平 3.3、

4.4 和 5.4 个百分点（见表 3 - 4 - 2）。

表 3 - 4 - 2   2013 年软件业收入达百亿元规模以上省市统计

序号	地区	规模（亿元）	序号	地区	规模（亿元）
1	江苏省	5177	10	天津市	711
2	广东省	4906	11	湖北省	709
3	北京市	4211	12	陕西省	688
4	辽宁省	2780	13	重庆市	547
5	上海市	2539	14	吉林省	320
6	山东省	2264	15	湖南省	256
7	浙江省	1899	16	河南省	193
8	四川省	1600	17	河北省	134
9	福建省	1014	18	黑龙江省	118

资料来源：工业和信息化部。

软件出口持续低迷。2013 年 1～11 月，我国软件产业出口持续低迷，实现出口额 371 亿美元，同比增长 13.7%。其中，嵌入式系统软件出口额同比增长 11.4%，增速低于全行业出口 2.3 个百分点，但比上年同期提高 5.6 个百分点；外包服务出口额达到 81.8 亿美元，同比增长 17.6%，增速低于上年同期 21.7 个百分点。

3.4.2   问题与挑战

（1）宏观经济下行压力导致产业转型升级难度加大。

我国电子信息产业正处于从量的增长向质的提升转变的关键时期。由于国际、国内宏观经济下行压力逐步增强，很大程度上加大了产业转型升级压力，将阻碍我国电子信息产业内企业的转型升级步伐。其中，为数众多的小微企业受到的冲击更为明显。目前，我国小微企业普遍面临用工成本上升、市场订单减少、融资难、融资贵、税费负担较重等一系列问题，对其生存和发展造成了很大的负面影响。小微企业正是我国电子信息产业创新发展的主力军，它们当中有很多企业掌握着行业前沿技术，对促进产业转型升级发挥了相当重要的作用。在宏观经济环境短期内难以恢复的情况下，需要政府采取多种可行措施，帮助小微企业减轻负担、渡过难关，尤其要重点扶持那些代表前沿方向和技术的企业。

（2）成本上涨导致产业向国外"双转移"趋势。

在复杂的国际经济环境、中国劳动力成本大幅上涨以及超长供应链带来的挑战等因素影响下，越来越多的美国企业正在考虑将原先位于海外的生产基地搬回美国本土。根据 2012 年 8 月美国麻省理工学院一项调查，14% 的美国跨国公司明确打算将部分制造业迁回美国本土，1/3 的受访企业则表示正在考虑为"回流"采取措施。美国苹果、谷歌等科技巨头也在考虑将其产品生产制造基地从中国等发展中国家转移回美国。另外，相比中国内地，越南、缅甸、柬埔寨等东南亚国家劳动力成本更加低廉，水、电、原材料等成本也更便宜，对中国市场也形成了很大挑战。目前，我国电子信息制造业中的部分外资企业甚至一些民族企业已经搬迁至越南等东南亚地区，许多国际订单也跟着转移至该地区。为改善这种状况，我国政府应积极促进电子信息产业有序转移，东部发达地区应坚持高层次承接国际产业转入，中西部地区应有选择地承接东部地区产业转入。

（3）我国龙头企业产业链整合能力较弱。

当前，全球范围内的电子信息产业正在进行一轮深刻变革，国际龙头企业逐渐形成各种形式的产业链整合。相比之下，我国龙头企业的产业链整合能力较弱。整机企业虽然具备一定规模和实力，但是缺乏产业链整合意识。除联想外的国内计算机企业缺乏在移动领域的业务布局；传统电视企业面临其他移动智能终端替代、商业模式创新缺乏等诸多发展难题。基础领域企业规模较小，在经济下行形势下，更难有整合能力。LED 和光伏等领域产业集中度较低，价格竞争激烈，龙头企业整合能力较弱。为改变这种局面，建议政府一方面应加大对龙头企业的扶持力度，继联想、华为之后再培育几个具有国际竞争力的优秀企业；另一方面应加大核心技术研发以及关键设备研制投入力度，逐渐掌握行业重要技术标准制定主导权。

（4）国际贸易壁垒抬头阻碍企业"走出去"。

为了争夺新一代信息技术或新能源产业发展主导权，2013年以来，欧美国家已对电子信息产业采取多种贸易保护措施，严重阻碍我国电子制造业的发展。贸易壁垒调查愈演愈烈，对我国电子信息产业产生巨大负面影响。贸易壁垒的形成对我国产品进出口将造成更大影响。一是官司耗时耗力耗财，致使我国企业不能集中精力开拓国外市场；二是来自案件所在国的订单将会有较大税率风险，对外出口可能萎缩，特别是其他国家容易效仿、容易搭便车；三是促使国内光伏产业向东南亚等地区转移，以规避贸易风险；四是使其他国家的产业渔翁得利，加速崛起，对我国电子制造业带来巨大冲击。

专栏 3-4-1　从"中国制造"到"中国智造"，须提升高端工业软件发展水平

2010 年，中国就已经成功超过美国成为全球制造业第一大国，制造业产出占世界总产出比重达到 19.8%。在制造业全部

22 个大类中，我国在 7 个大类中名列世界第一。尽管我国是制造业大国，但仍然不是制造业强国，总体还处于国际分工和产业链的中低端。未来，实现从"中国制造"到"中国智造"的转变，是我国由制造业大国走向制造业强国的必经之路。

要完成从"中国制造"向"中国智造"的转变，必须利用以信息技术为核心的高新技术，使我国制造业从生产型制造向服务型制造、从粗放型制造向绿色制造、从低技术制造向智能制造方向发展，这是我国工业转型升级的主攻方向。工业软件是新型工业装备的核心要素，是工业化和信息化融合的切入点和"黏合剂"，是我国工业转型升级的转换器、倍增器和助推器，是现代工业发展的神经中枢。发展自主安全可控的高端工业软件对于推动"两化"深度融合、加快工业转型升级、实现"中国智造"具有极其重要的意义。

就目前来看，我国工业软件产业的整体发展水平远远落后于西方主要发达国家。在国际软件市场上，中国软件产业不仅与发达国家相比存在巨大差距，甚至与印度、爱尔兰等国家相比，在软件产业的出口规模和竞争能力等方面也存在一定差距。数据显示，2012 年我国工业软件市场规模仅占全球的 1%，这与我国作为一个工业大国的地位极不匹配。特别是我国高端软件发展严重滞后，几乎所有重点工业行业使用的核心高端软件均依赖进口。据统计，我国以装备制造业为代表的高端工业软件研制中，90% 以上都采用国外大型软件。具体来看，我国工业软件产业发展水平落后表现在以下几个方面：从总供求方面看，发达国家占据了绝对主导地位；从企业分布方面看，全球绝大多数有实力的工业软件企业均布局于发达国家；从产业链方面看，我国工业软件长期处于产业链低端。

当前，跨国公司在高端工业软件研发和应用中占据主导地位，国产工业软件品种较少，功能不全，缺乏核心技术的创新和突破，研发、推广应用进度远远跟不上工业发展需求。造成我国高端工业软件发展水平滞后的原因有以下几方面：一是发展规划和行业标准制定严重滞后，缺乏对整个工业软件产业的明确指导，工业软件标准化也严重滞后于实际需求；二是产业发展起步晚、积累少，产业发展水平远远落后于其他发达国家，突出表现为当前我国工业软件企业成立时间晚、规模较小、自主创新能力弱；三是市场环境有待完善，重硬轻软和使用盗版软件现象比较严重，同时一些地方政府盲目投资，导致重复建设和资源浪费情况非常严重；四是国内软件企业人力成本上升较快，国外软件企业对人才争夺更加激烈，复合型高端人才极度稀缺。

综上所述，对于尚处于产业发展幼稚期的我国工业软件产业，其未来发展应坚持"高端、中端、低端"等多维度发展方向，但发展重点应定位于高端工业软件方面。

资料来源：张厚明：《实现"中国智造"需提升高端工业软件发展水平》，《中国经济时报》，2014－02－25（006）。

3.5 工业相关服务业

2013年，随着"营改增"试点的推进，工业相关服务领域税负减轻，专业化分工障碍进一步消除；《全国物流园区专项规划》、《关于实施跨境电子商务零售出口有关政策的意见》等规划、政策出台，工业相关服务业快速发展。

3.5.1　工业设计服务业

（1）产业规模快速扩大，全球地位进一步巩固。

工业设计服务业产业规模稳步扩大。以 IC 设计产业为例，2013 年，我国 IC 设计产业实现收入 986 亿元，较上年增长 16.9%，是 2007 年 171 亿元的 5 倍多（见图 3－5－1），共有 124 家 IC 设计企业销售额超过 1 亿元。另外，根据全球半导体联盟（GSA）统计数据，2013 年，我国 IC 设计产业规模占全球比重达到 16.7%，中国集成电路设计业在全球产业中的地位得到进一步巩固，在美国和中国台湾地区之后稳居第三位。

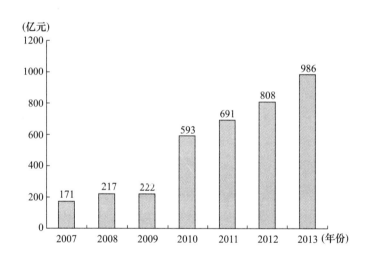

图 3－5－1　我国 IC 设计产业规模（2007～2013 年）

资料来源：工业和信息化部。

（2）园区建设进展明显，专业化程度不断提升。

据中国工业设计协会对 20 个地区、18 个典型工业设计聚集城市调查，大部分园区的年产值超过 2000 万元，其中 2000 万元到 5000 万元占 22.73%，5000 万元到 2 亿元占 18.18%，有

22.73%的园区年产值在 2 亿到 10 亿之间，还有 32.7%的园区年产值在 10 亿元以上。园区中的设计产值占比平均值在 50%左右，一半以上园区设计产值占比超过了园区总产值的 30%，3 家园区的设计产值占比超过 50%甚至达到 80%；园区平均有 20 家左右的工业设计相关企业，相对于园区 50～100 家的入驻企业总量，大部分园区有 20%～50%的工业设计公司。

（3）设计成果涌现，服务领域进一步延伸。

工业设计涌现出一批重要成果，2013 年，获中国创新设计红星奖的设计成果达 280 项，包含重大装备制造、交通工具、新能源、通信、家电、家居和工艺美术七个领域。分领域看，IC 设计的服务产品和领域也非常广泛，IC 设计服务于通信、计算机、多媒体等领域（见图 3－5－2）。

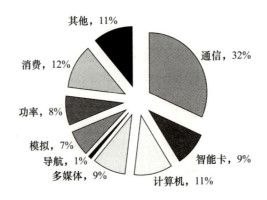

图 3－5－2　我国 IC 设计产业服务领域细分情况

资料来源：中国半导体行业协会集成电路设计分会。

3.5.2　物流服务业

（1）社会物流总额增幅继续回落，但再生资源物流强劲增长。

2013 年，全国社会物流总额 197.8 万亿元，较上年增长

9.5%，增速继 2012 年下降 2.5 个百分点后，2013 年继续下降 0.3 个百分点（见图 3 – 5 – 3）。其中，工业品物流总额为 181.5 万亿元，较上年增长 9.7%；进口货物物流总额 12.1 万亿元，较上年增长 6.4%；再生资源物流总额为 0.79 万亿元，较上年增长 20.3%[①]。

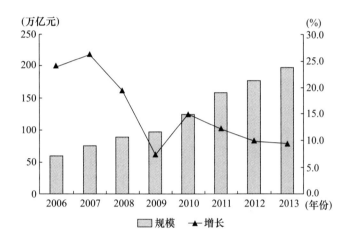

图 3 – 5 – 3　中国物流总额变动情况（2006 ~ 2013 年）

资料来源：中国物流与采购联合会。

（2）物流总费用占 GDP 的比率保持平稳，物流管理费用比重上升。

2013 年，全国社会物流总费用为 10.2 万亿元，较上年增长 9.3%，增速下降 2.1 个百分点；社会物流总费用与 GDP 比率为 18%，与上年基本持平。其中，运输费用为 5.4 万亿元，较上年增长 9.2%，占社会物流总费用比重为 52.5%；保管费用为 3.6 万亿元，较上年增长 8.9%，占社会物流总费用比重为 35.0%；管理费用为 1.3 万亿元，占社会物流总费用比重

———————————

① 中国物流与采购联合会。

为 10.8%。

（3）物流业增加值增幅趋缓，占 GDP 比重保持稳定。

2013 年，全国物流业创造增加值 3.9 万亿元，较上年增长 8.5%（图 3-5-4），其中，交通运输物流增加值较上年增长 7.2%，仓储物流增加值较上年增长 9.2%，贸易物流业增加值较上年增长 9.5%。物流业增加值占 GDP 比重为 6.8%，与 2012 年基本持平，占服务业增加值比重为 14.8%（见图 3-5-4）。

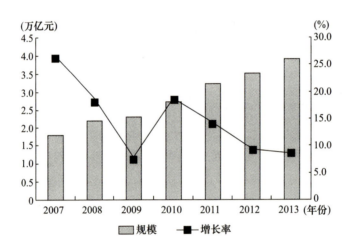

图 3-5-4　中国物流业增加值变动情况（2006~2013 年）

资料来源：中国物流与采购联合会。

（4）物流企业核心群体稳步增强。

2013 年，38 家物流企业被中国物流与采购联合会评定为 5A 级物流企业，截至 2013 年 8 月，获得中国物流与采购联合会 5A 级认定的企业累计达到 148 家，A 级物流企业达到 2414 家。

（5）物流基础设施继续改善。

道路、港口、园区等物流基础设施继续改善。2013 年，铁路运营里程达到 10.31 万千米，较上年增长 0.55 万千米；高速公路运营里程达到 10.44 万千米，较上年新增 0.82 万千米。
2013 年，中国物流与采购联合会新认定 6 家物流园区为中国物
流示范基地，5 家物流园区（企业）为中国物流实验基地。

（6）物流货运能力平稳增长。

2013 年，货物运输总量达到 450.6 亿吨，较上年增长
9.9%；货物运输周转量 186478.4 亿吨公里，较上年增长
7.3%。其中，铁路货物运输总量为 39.7 亿吨，货物运输周转
量 29173.9 亿吨公里；民航货物运输总量 557.6 万吨，货物运输
周转量 168.6 亿吨公里，年货邮吞吐量在万吨以上的机场 50
个，较上年增加 1 个（见表 3 - 5 - 1）。

表 3 - 5 - 1　2013 年各种运输方式完成货物运输量及其增长速度

指标	货物运输总量		货物运输周转量	
	规模（亿吨）	增长（%）	规模（亿吨公里）	增长（%）
总计	450.6	9.9	186478.4	7.3
铁路	39.7	1.6	29173.9	0
公路	355.0	11.3	67114.5	12.7
水运	49.3	7.5	86520.6	5.9
管道	6.6	6.3	3500.9	9.0
民航	557.6	2.3	168.6	2.9

资料来源：国家统计局。

3.5.3　电子商务服务业

（1）电子商务市场蓬勃发展，第三方支付交易快速增长。

2013 年，中国电子商务交易总额 10.2 万亿元，较上年增长
29.9%，占国内生产总值比重为 17.3%。电子商务服务企业从
业人员超过 235 万人，第三方支付交易规模达到 35000 亿元，

111

较上年增长46.8%。全国网络购物用户达到3.12亿人，网络购物使用率达到48.9%。

（2）B2B市场快速增长，用户规模不断扩大。

B2B市场继续保持快速增长的态势。2013年，全国B2B电子商务交易额达到8.2万亿元，较上年增长31.2%，是2007年的3.7倍（见图3-5-5）。

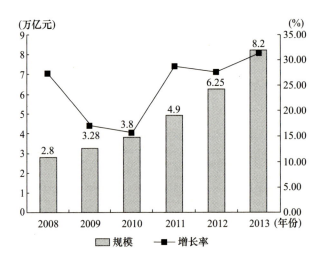

图3-5-5　中国B2B市场交易规模

资料来源：中国电子商务研究中心。

截至2013年，中国B2B电子商务服务企业达12000家，较上年增长5.7%。B2B电子商务企业营业收入达到205亿，较上年增长28%（见图3-5-6）。

2013年，中国使用第三方电子商务平台的中小企业用户规模（包括同一企业在不同平台上注册但不包括在同一平台上重复注册）突破1900万，为2007年的2.1倍（见图3-5-7）。

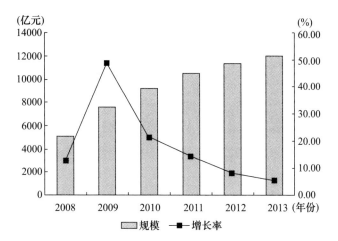

图 3 – 5 – 6　中国 B2B 企业规模

资料来源：中国电子商务研究中心。

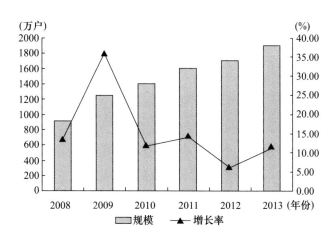

图 3 – 5 – 7　中国 B2B 注册企业规模

资料来源：中国电子商务研究中心。

（3）网络零售市场规模快速增长。

2013 年，网络零售市场交易规模达到 18851 亿元，较上年增长 42.8% 左右。电子商务企业数量达到 29303 户，是 2008 年的 5.4 倍。网络零售用户规模达到 3.12 亿，较上年增长 26.3%（见表 3 – 5 – 2）。

表3-5-2 2012年中国网络零售市场发展情况

年份	网络零售市场交易规模（亿元）	电子商务企业数量（户）	零售用户规模（亿）
2008	1300	5460	0.79
2009	2600	9962	1.21
2010	5141	15800	1.58
2011	8019	20750	2.03
2012	13205	24875	2.47
2013	18851	29303	3.12

资料来源：中国电子商务研究中心。

（4）团购市场规模不断扩大，竞争日趋激烈。

2013年，团购市场规模达到532.89亿元，较上年增长52.8%；全年团购商品销量总计9.19亿件；商品开团数量共计2020万期；全年平均团购折扣为4.3折，商品客单价为58元；团购主要涉及网购精品、餐饮美食、休闲娱乐、旅游酒店、美容保健等领域（见图3-5-8）。行业竞争日趋激烈，截至2013年底，全国共诞生团购网站6246家，尚在运营中的网站数量仅为870家，团购网站关闭数量累计高达5376家，团购网站倒闭率达86%。

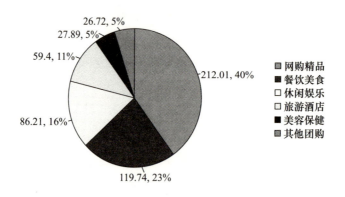

图3-5-8 2013年团购领域分布

资料来源：中国电子商务研究中心。

（5）电子商务投诉不断增加，服务质量有待提升。

2013 年，网络购物投诉占电子商务类投诉的 52.38%，网络团购占 27.53%，移动电子商务占 10.09%，物流快递占 2.24%，B2B 网络贸易占 1.39%，第三方支付占 1.07%。网络购物投诉不断增加，退款问题、售后服务、网络售假、退换货物、发货迟缓、网络诈骗、质量问题、订单取消、虚假促销、节能补贴等成为投诉热点（见图 3 - 5 - 9）。

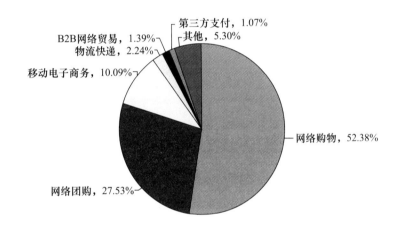

图 3 - 5 - 9　网络购物投诉类型分布

资料来源：中国电子商务研究中心。

3.5.4　节能环保服务业

（1）节能服务业平稳快速增长，节能效果进一步显现。

截至 2013 年底，全国从事节能服务业务的公司数量 4852 家，其中 3210 家为备案节能服务企业。节能服务业行业从业人员 50.8 万人，较上年增长 16.8%。2013 年，节能服务业总产值 2155.62 亿元，较上年增长 30.38%，较 2006 年增长 25 倍左右（见图 3 - 5 - 10）。

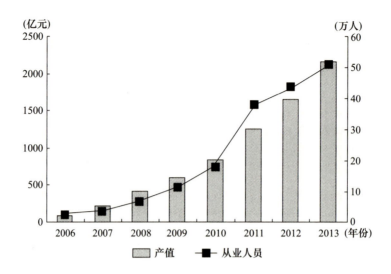

图 3 - 5 - 10　节能服务业发展状况（2006～2013 年）

资料来源：中国节能协会节能服务产业委员会。

2013 年，合同能源管理项目投资额达到 742.32 亿元，较上年增长 33.12%，共实施合同能源管理项目 3905 个；合同能源管理节能效果明显，2013 年实现节能量 2559.72 万吨标准煤，减排二氧化碳 6399.31 万吨（见图 3 - 5 - 11）。

（2）环保服务业稳步发展。

2013 年，我国环境污染治理投资总额为 9037.2 亿元，占国内生产总值（GDP）1.59%，占全社会固定资产投资总额 2.02%，较上年增加 9.5%。2013 年，污染治理设施运行费用 2665.3 亿元，较上年增加 1.7%。截至 2013 年底，全国各市、县累计建成污水处理厂 3513 座，污水处理能力约 1.49 亿立方米/日，较上年增加处理能力约 680 万立方米/日。

载体建设加快。国电银河水务（滕州）有限公司二期工程、开封凯乐实业有限公司电镀废水处理及资源回收工程、开封凯乐实业有限公司电镀废水处理及资源回收工程、电除尘器节能

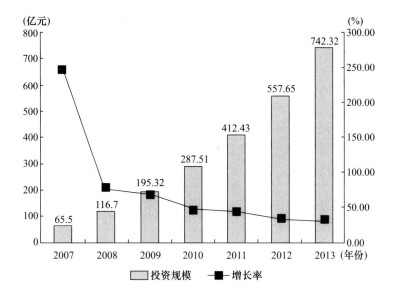

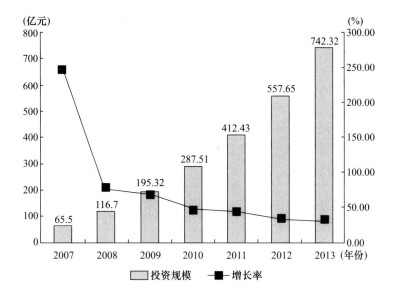

图 3-5-11　合同能源管理项目投资情况 （2006～2013 年）

资料来源：中国节能协会节能服务产业委员会。

减排优化改造工程能白山煤矸石电厂 2×330MW 直接空冷机组 LJD 烟气干法脱硫除尘工程、江苏天淮钢管有限公司油井管生产线除尘器改造工程被列为国家重点环境保护实用技术示范工程。

一批环境服务技术取得突破。五大区域重点产业发展战略环境评价研究、中国机动车污染综合防治技术研究与应用、苏州河底泥污染评价、疏浚与综合利用关键技术研究与应用、军事装备废水处理及资源回收技术研究与应用、生活垃圾分类资源化与二次污染控制技术、装备、固定式汽柴一体化机动车尾气遥感监测系统获环境保护科学技术奖一等奖。多段多级 AO 除磷脱氮工艺、电解锰生产废水闭路循环利用技术、BL 水、JYH/F 型四位一体交变流微纳米气泡一体化技术循环处理工艺、好氧折流—生物附着 MBR 中水回用技术、放射式水处理生物填料、湖泊（缓流型河流）水污染 EPSB 生物生态综合治理技术被评为国家重点环境保护实用技术。

2013 年，化学需氧量排放量下降 2.93%、氨氮排放量下降 3.12%、二氧化硫排放量下降 3.48%、氮氧化物排放量下降 4.72%。本年全国工业固体废物综合利用量 20.6 亿吨，一般工业固体废物综合利用率为 62.2%；工业危险废物综合利用量 1700.1 万吨，综合利用处置率为 74.8%。

3.5.5　融资租赁与商务服务业

（1）总体发展势头良好。

2013 年，全国租赁和商务服务业完成固定资产投资 5893.2 亿元，较上年增长 26.9%，占全社会固定资产投资的 1.36%（见图 3-5-12）。2013 年末，全国共有租赁和商务服务业企业法人单位 81.5 万个，从业人员 1216 万人，分别比 2008 年末增长 113.9% 和 47.9%。2013 年末，租赁和商务服务业企业法人单位资产总计 539678.2 亿元。

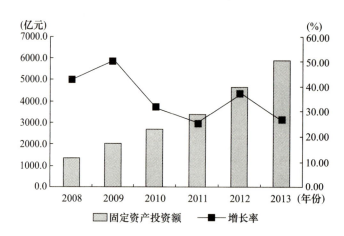

图 3-5-12　中国商务服务业固定资产投资情况

资料来源：国家统计局。

（2）产业集中度较高。

2013 年，注册会计师数量 98707 人，注册会计师行业总收入为 563.2 亿元，在 8209 家会计师事务所中，前 100 家事务所业务收入达到 347.56 亿元，占行业总收入的 61.8%，与 2012 年基本持平；前 4 家会计师事务所的业务收入达到 109.4 亿元，占行业总收入的 19.4%①。

（3）重点行业平稳发展。

截至 2013 年，全国共有各类人力资源服务机构 2.6 万家，从业人员 35.8 万人，有固定招聘（交流）场所 1.8 万个，各类人力资源市场网站 0.9 万个。2013 年营业总收入 6945 亿元，为 2002 万家次用人单位和 4.3 亿人次劳动者提供了各类人力资源服务，分别较上年增长 6.1% 和 1.2%，举办各类人力资源培训班 21 万次，培训人员 1039 万人。

2013 年，中国广告营业总额达到 5019.75 亿元，较上年增长 6.84%，从事广告经营业务的单位数量和广告从业人员数量分别达到 44.5 万户和 262.2 万人，较上年分别增长 17.89% 和 20.4%。从品类投放看，汽车、化妆品及卫生用品、房地产位列前三位，汽车类广告投放额达到 603.96 亿元，较上年增长 38.15%；金融保险类 2013 年首次进入中国广告投放排名的前十。从媒体渠道看，2013 年，传统媒体广告经营持续下降，网络媒体保持持续快速增长趋势，中国互联网广告营运市场规模达到 1000 亿元，较上年增长 36.8%（见图 3 - 5 - 13）。

截至 2013 年底，全国律师工作人员 24.9 万人，律师事务所近 2.06 万家；2013 年全国律师共办理各类诉讼案件 255.5 万件，办理非诉讼法律事务近 81.8 万件，担任法律顾问 45.7 万

---

① 资料来源：中国注册会计师协会。

家，代写法律事务文书 706.8 万件。

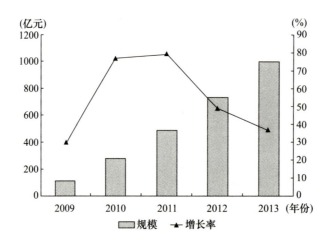

图 3 – 5 – 13　中国互联网广告市场规模（2009～2013 年）

　　截至 2013 年底，全国在册运营的各类融资租赁公司（不含单一项目融资租赁公司）共 1006 家，较上年增长 79.60%，注册资金达到 3040 亿元人民币，较上年增长 64.30%；全国融资租赁合同金额约为 21000 亿元人民币，较上年增长 35.50%①。

———————

　　① 资料来源：中国租赁联盟。

4　地区工业发展

4.1　指数构建

报告坚持中国特色新型工业化道路发展方向，以转变经济发展方式为主线，以考察地区工业发展质量为研究目标，从生产效率、增速效益、绿色发展、技术创新四个维度构建地区工业发展指数，以便于客观揭示地区工业发展实际情况。生产效率采用 Sequential – Malmquist – Luenberger 生产率指数（以下简称 SML 指数）进行测度，增速效益使用工业增加值增速、工业增加值率、产值利税率三个二级指标衡量，绿色发展采用能源效率、废水排放产出强度、废气排放产出强度三个二级指标分析，技术创新采用 R&D 经费的发明专利产出强度、R&D 人员占比、R&D 强度、新产品产值占比四个指标进行分析（见表 4 – 1 – 1）。

表4-1-1 地区工业发展指数的指标评价体系

一级指标	二级指标	指标说明	单位
生产效率	Sequential – Malmquist – Luenberger 生产率指数	数据包络分析（DEA）计算	
增速效益	工业增加值增速	工业增加值（可比价）环比增长率	
	工业增加值率	工业增加值/工业总产值	
	产值利税率	利税总额/工业总产值	
绿色发展	能源效率	工业增加值（可比价）/工业能源消费总量	万元/吨标准煤
	废水排放产出强度	工业增加值（可比价）/废水排放量	元/吨
	废气排放产出强度	工业增加值（可比价）/废气排放量	万元/标立方米
技术创新	R&D 经费的发明专利产出强度	发明专利数/R&D 经费支出	件/万元
	R&D 人员占比	R&D 人员/从业人员	
	R&D 强度	R&D 经费支出/主营业务收入	
	新产品产值占比	新产品产值/工业生产总值	

测算地区工业发展指数主要步骤包括：第一，采用德尔菲法确定四个评估维度的一级指标基准权重，生产效率、增速效益、绿色发展和技术创新分别为 0.30、0.25、0.15 和 0.30。第二，采用正规化法对二级指标 X 进行无量纲化处理，具体计算公式为：$(X - X_{min})/(X_{max} - X_{min})$。第三，计算正规化后的二级指标方差，利用相应指标方差占比赋予二级指标权重，然后将多个二级指标合成一级指标。第四，测算地区工业发展指数。根据一级指标权重，计算各地区工业发展指数，之后以 2005 年为基期和以上一年为基期，分别计算各年度定基指数和环比指数。

由于数据个别年份缺失或统计口径不一致，本报告没有将西藏、香港、澳门、台湾纳入分析，最后汇总得到 2005～2012 年 30 个省（市、区）的数据。报告所使用数据主要来自相关年份的《中国统计年鉴》、《中国工业经济统计年鉴》、《中国环境统计年鉴》、《中国能源统计年鉴》和《中国科技统计年鉴》。历年各地区工业增加值利用本地区相应年份工业生产者出厂价格指数进行平减，统一调整到以 2004 年为基期的可比价。

4.2 各地区工业发展特征

在全球经济复苏动力不足和内需增长日趋疲软的形势下，我国工业发展面临的各种深层次矛盾集中爆发，各地区稳增长压力加大，工业难以延续前几年高增长的态势。与"十一五"平均水平相比，目前中国工业发展正处于回稳、筑底状态，迫切需要从中高速增长向中高端转变和从要素驱动向创新驱动转变。

2012 年，东部、中部、西部和东北地区工业发展定基指数平均值都呈现下降趋势，西部和东北地区下降比较厉害，其定基指数分别为 100.93%、100.04%，较上一年分别下降 6.81 和 11.15 个百分点。东部和中部地区工业发展指数降幅较小，定基指数分别为 109.61% 和 103.68%，比上年下降 2.41 和 3.55 个百分点。与 2005 年相比，2012 年东部、中部、西部和东北地区工业发展指数分别上升 9.61%、3.68%、0.93% 和 0.04%。可见，"十二五"以来，我国四大板块工业发展总体呈现下滑态势，其中，西部和东北地区受影响最大，东部放缓趋势最小，中部处于中间水平，侧面说明西部工业增长质量不高，而东北地区受国内外经济环境冲击较大（见图 4-2-1）。

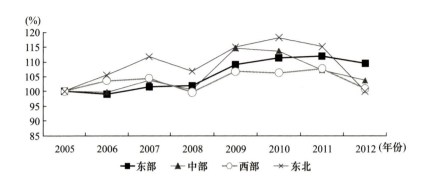

图 4 – 2 – 1　2005 ~ 2012 年四大板块工业发展定基指数变化

从省（市、区）情况看，2012 年，地区工业发展指数由高到低进行排序，北京、天津、广东、贵州、上海、陕西省（市）在 30 个省（市、区）中居于前六位，青海、山西、甘肃、辽宁、宁夏和河南省（市、区）排在最后六位。同时，2005 ~ 2012 年，贵州、安徽、北京、浙江、湖北、江苏等省（市、区）工业发展定基指数增长较快，内蒙古、青海、新疆、河南、黑龙江、江西、广西壮族自治区等省（区）工业发展指数有所下降。2012 年，除贵州、福建、重庆、甘肃、湖南、四川、江西等省（区）之外，其他地区工业发展指数都有所上升，环比指数都高于 100%，吉林和黑龙江升幅最为显著，环比指数分别为 129.88%、113.60%（见图 4 – 2 – 2）。我们还进一步计算了 2006 ~ 2012 年各省（市、区）工业发展定基指数的标准差，结果表明，2005 年以来各地区工业发展定基指数的标准差波动不太明显，但 2012 年各地区工业发展定基指数标准差较上一年略有升高，说明各省（市、区）工业发展水平差距略有扩大（见图 4 – 2 – 3 至图 4 – 2 – 4）。

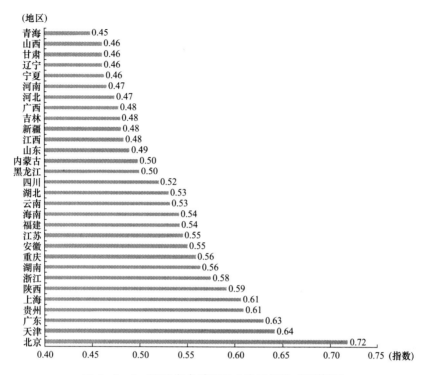

图 4-2-2 2012 年各地区工业发展指数（测算值）

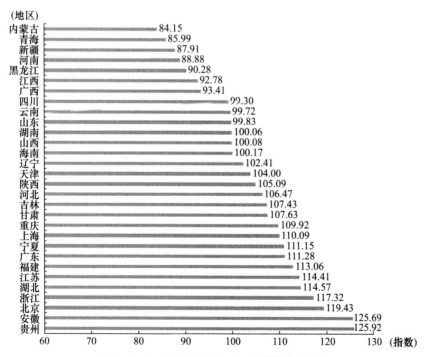

图 4-2-3 2012 年各地区工业发展定基指数

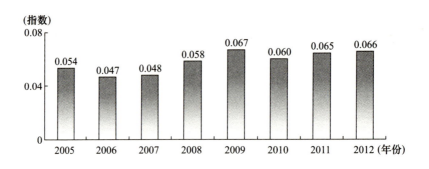

图4-2-4　各地区工业发展指数标准差变化

4.3　地区工业生产效率

2012年，除东北地区外，其他地区工业SML生产率指数平稳增长，东部、中部、西部和东北地区平均增长率分别为4.5%、4.1%、4.3%和-2.4%。东部、中部和西部地区增速比较接近，工业生产效率"收敛"效应显现；东北地区增速最低，表明进入"十二五"之后，东北地区工业发展所面临的外部环境已经发生很大变化，自身存在的结构单一、体制机制、人才流失等问题进一步加剧工业下滑趋势，工业发展任务已从稳增长向保增长转变，企业保生存压力增大。从SML生产率指数分解结果看，技术进步（STC）对四大板块的SML生产率指数增长贡献都比较大；技术效率（SEC）对东北地区的SML生产率指数增长贡献相对较小，对西部地区贡献相对大些，可见，技术进步和技术效率已成为推动西部地区工业SML生产率指数增长的"双引擎"（见图4-3-1），相对于"十一五"平均水平，2012年四大板块工业SML生产率指数增长率都有所降低。同时，东部地区SML指数相对于2005年基期水平也有所降低，表明"十二五"以来，东部地区工业发展遇到了内外交困的发展困境，传统产业升级受阻，新兴产业培育仍需时间，动力转换断档风险加大，致使工业效率提升缓慢，明显不如"十一五"（见图 4 - 3 - 2）。

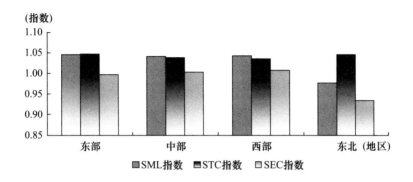

图 4 - 3 - 1　2012 年四大板块工业的 SML 生产率指数及分解

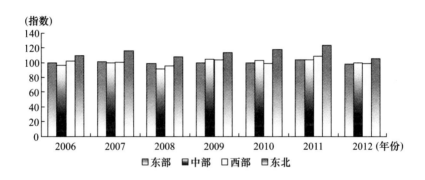

图 4 - 3 - 2　四大板块工业的 SML 生产率定基指数变化

从分省（市、区）看，2012 年，黑龙江、重庆、青海 3 个省（市、区）工业 SML 生产率低于 1，这三个地区工业生产率都出现环比下降；河南、山西、新疆 3 个省（市、区）工业的 SML 生产率指数为 1，这些地区工业生产率环比保持不变；除上述 6 个省（市、区）外，其他地区 SML 生产率指数均大于 1，增幅最大依次为贵州、江西、河北、天津、陕西、湖北、湖南

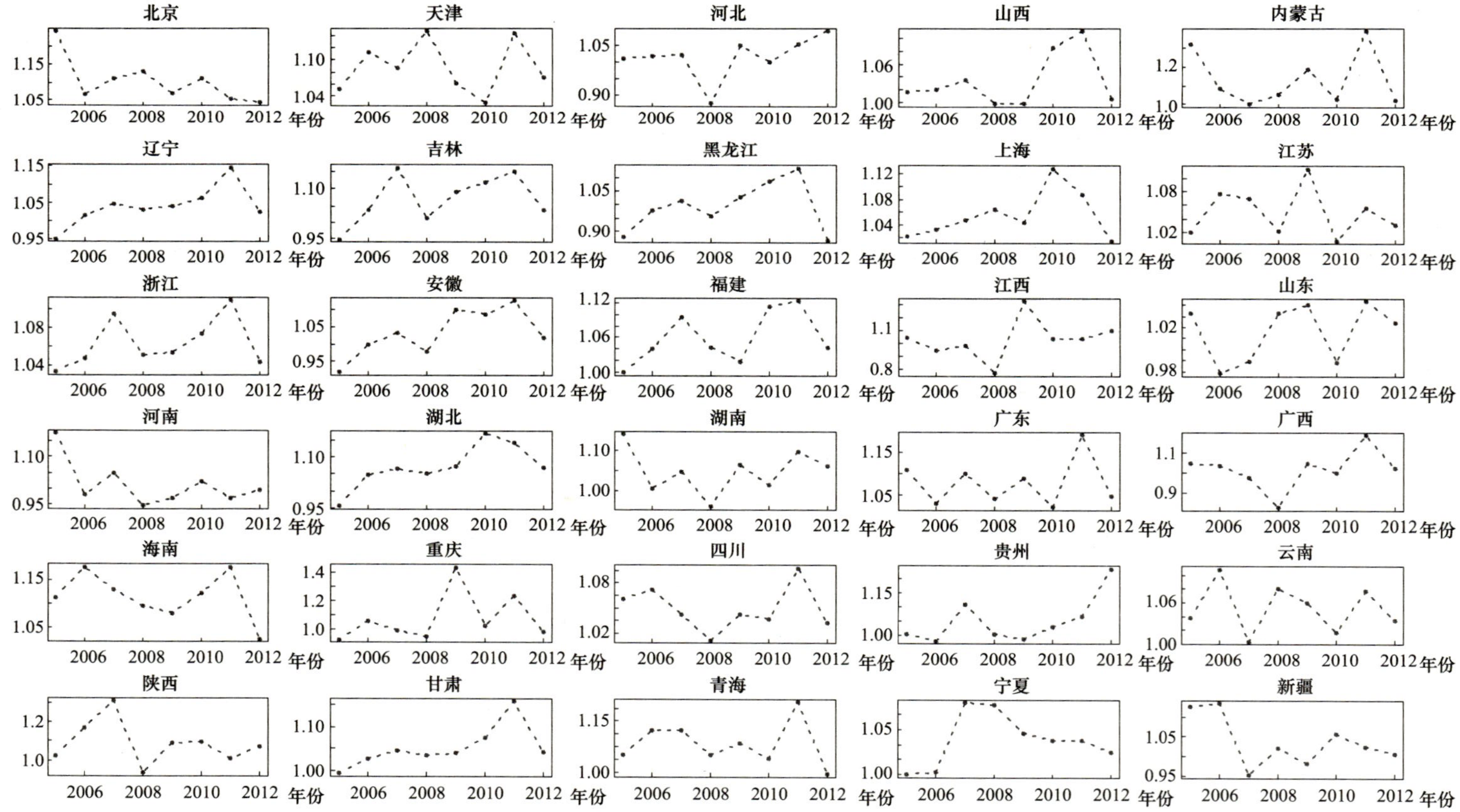

图4-3-3 各地区工业SML生产率指数变化（2005～2012年）

等省（市、区），这些地区工业 SML 生产率指数环比增长率超过 5%，而广东、浙江、甘肃、北京和福建等地区工业 SML 生产率指数环比增长率在 2% ～5%。

2005 ～2012 年，从各地区 SML 生产率指数的变化趋势看，各地区 SML 生产率指数的变化轨迹有很大区别，与上一年 SML 生产率指数相比，多数地区 SML 生产率指数出现了下降趋势，换言之，很多地区工业发展进入了增速放缓、提质困难的阶段（见图 4 – 3 – 3 和图 4 – 3 – 4）。

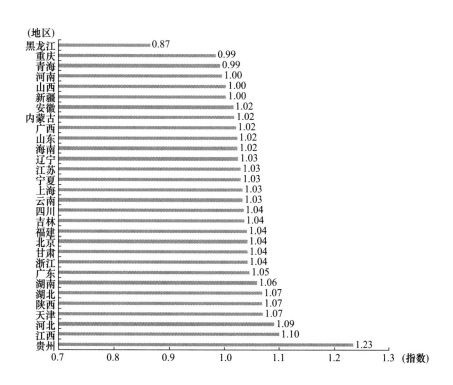

图 4 – 3 – 4　2012 年各地区工业 SML 生产率指数排名

根据 2012 年各省（市、区）技术进步（STC）指数是否高于全国平均水平，从横向分为技术进步加快和技术进步减缓两个维度；然后根据各省（市、区）技术效率（STE）是否高于

1.00，从纵向分为技术效率改善和技术效率减弱两个维度。从四个维度视角对30个省（市、区）进行考察，从而将这些省（市、区）划分为四组。2012年，陕西、湖北、河北等省（市）工业生产率增长较快，技术进步和技术效率共同推动这些省（市）工业SML生产率指数增长；河南、江苏、山西、重庆、辽宁、四川等省（市）受到短期效应的影响，技术进步减缓和技术效率弱化导致地区工业SML生产率指数增长乏力。在经济增速下滑的背景下，江苏、上海、湖南、山西、广西、贵州、内蒙古、重庆等省份工业发展面临着很大的结构调整压力，市场萎缩、投资放慢、产能过剩等多重因素降低了技术进步增长率（见图4-3-5）。可见，中国工业增速明显放缓将对许多省份工业生产率增长形成冲击，工业生产率变化也成为各省（市、区）工业发展的方向标。

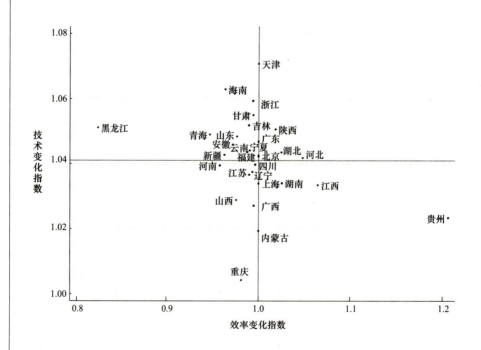

图4-3-5　2012年各地区SML生产率指数分解结果分布

4.4　地区工业增速效益

2012 年，东部、中部、西部和东北地区工业增速效益定基指数平均值都出现回落，东北地区下降最为明显。东部、中部、西部和东北地区工业增速效益定基指数平均值分别为 85.81%、71.49%、82.00% 和 70.94%，东部、西部和东北地区分别较上年下降 5.81、9.46、10.29、16.90 个百分点（见图 4-4-1）。工业增加值增速放慢是导致四大板块工业增速效益定基指数平均值下降的主要原因，工业增加值下降进一步加剧这种态势。这进一步表明，中国工业高增长时代已结束，实现工业强国的道路艰难曲折。

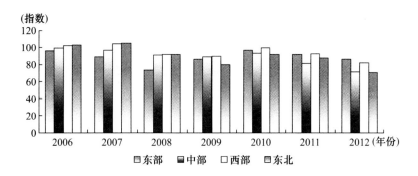

图 4-4-1　四大板块工业增速效益定基指数变化

分省测算结果显示，2012 年，贵州、福建和四川三个省工业增速效益定基指数最高，分别为 106.45%、103.94% 和 102.16%，表明 2005~2012 年这些省份工业发展具有增速快、效益好的特点。与"十五"末相比，受工业增加值增速下降影响，山东、黑龙江、河南、江西、河北、青海等 27 个省（市、区）工业增速效益定基指数都低于 100%。同时，与"十一五"

相比，除贵州、浙江、北京、四川四个省（市、区）外，其他省（市、区）工业增速效益定基指数都低于"十一五"平均水平。这表明，中国地区工业面临着内外交融的发展环境，传统粗放式扩张的发展时代已经过去，创新驱动发展势在必行（见图4-2-2）。

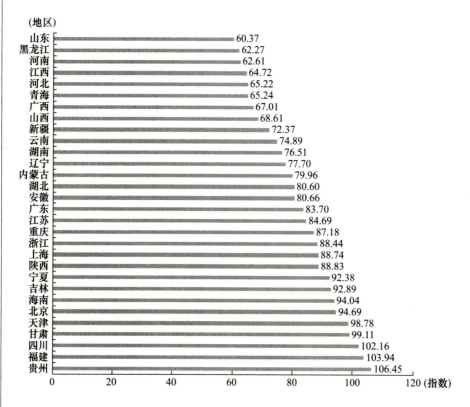

图4-4-2　2012年各地区工业增速效益定基指数排名

4.5　地区工业绿色发展

从四大板块看，四大板块可持续发展进步明显，中部地区进步最快。2012 年，中部地区绿色发展定基指数平均值最高，为 342.22%，东部、西部和东北地区绿色发展定基指数平均值分别为 218.94%、289.79% 和 234.27%（见图 4－5－1）。与"十一五"平均水平相比，东部、中部、西部和东北地区工业节能减排效果显著，工业绿色发展进入上升阶段。

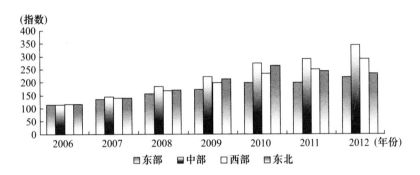

图 4－5－1　四大板块工业绿色发展定基指数平均值变化

从各省（市、区）情况看，2012 年，重庆、内蒙古、宁夏、河南、四川等省（市、区）可持续发展进步较快，绿色发展定基指数分别为 500.69%、421.82%、416.80%、405.73%、403.32%，在 30 个省（市、区）中居前五位。新疆、黑龙江、青海、山东、上海、广东等省（市、区）可持续发展进步较慢，其绿色发展指数均在 200% 以下，在 30 个省（市、区）中排在最后六名。其中，新疆是 30 个省（市、区）中唯一一个绿色发展定基指数低于 100 的省份，绝大多数省份工业节能减排效率取得显著成效。与"十一五"相比，除了新疆和黑龙江两个省（区）外，2012 年，其他省（市、区）工业绿色发展定基指数都高于"十一五"平均水平。这表明，中国地区工业更加注重可持续发展，相关指标发生了积极变化，各地区工业仍有较大减排潜力（见图 4－5－2）。

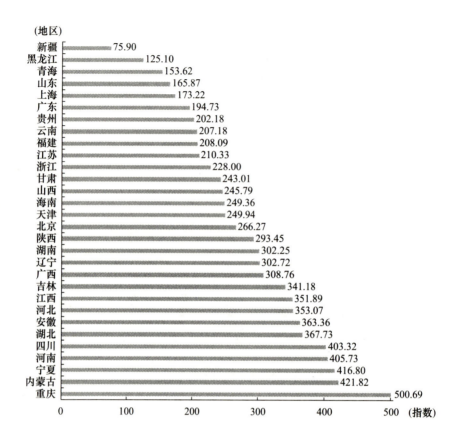

图4－5－2　各地区工业绿色发展定基指数排名

4.6　地区工业技术创新

2012年，东部、中部和西部地区工业技术创新指数继续保持增长态势，但增幅有所回落。东部地区工业技术创新定基指数平均值为123.77%，较上年上升2.03个百分点，但增长速度领先于其他板块。中部、西部和东北地区工业技术创新定基指数平均值分别为113.64%、106.55%和86.70%，其中，西部较上一年上升1.59个百分点，而中部和东北地区较上年分别下降

1.87 和 9.11 个百分点。2012 年，西部和东北地区技术创新定基指数平均值低于"十一五"平均水平，工业创新投入增长缓慢和创新效率不高是其中的重要原因（见图 4 - 6 - 1）。

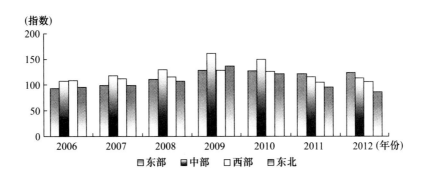

图 4 - 6 - 1 四大板块工业技术创新定基指数变化

从分省测算结果看，2005 ~ 2012 年，安徽、北京、新疆、宁夏、贵州、山西等省（市、区）工业技术创新进步明显，工业技术创新定基指数分别为 177.33%、176.84%、164.47%、155.20%、154.07% 和 148.55%，在 30 个省（市、区）中位列前六名，表明中西部地区一些省份工业技术创新水平显著提高，研发投入加大，创新效率上升。江西、辽宁、吉林、四川、天津、青海、广西、重庆、内蒙古、河南等省（市、区）的工业技术创新定基指数都低于 100，工业技术创新水平相对"十五"末有所下降。与"十一五"相比，2012 年，贵州、山西、湖北、山东、甘肃、陕西、河南、内蒙古、重庆、广西、青海、天津、四川、吉林、辽宁、吉林、江西 17 个省（市、区）工业技术创新定基指数低于"十一五"平均水平。可见，中国各省（市、区）工业创新投入和创新效率的地区差距比较大，这种地区失衡会在今后一段时期内进一步显现出来，可能扩大地区间工业发展质量的差距（见图 4－6－2）。

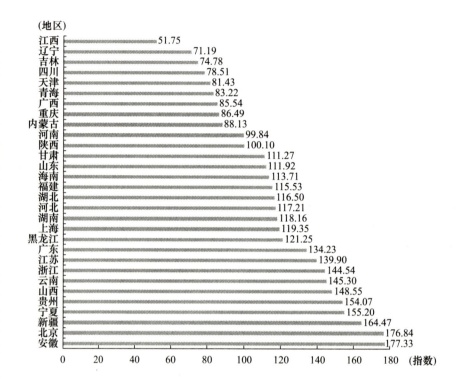

图 4－6－2　各地区工业技术创新定基指数排名

5 产业政策

5.1 转型升级

　　加快推进工业转型升级既是走中国特色新型工业化道路的根本要求，也是实现从制造大国向制造强国转变的必由之路。2013 年，国家为推进工业转型升级出台了一系列政策，并取得很大成效。

5.1.1 规划引导

　　为了贯彻落实和进一步深化《国民经济和社会发展第十二个五年规划纲要》和《工业转型升级规划（2011～2015）》，2013 年国家又发布了一系列行业性和专项的"十二五"和中长期规划（如表 5-1-1 所示），以便更加有针对性地推动各行业和各领域加快转型升级的步伐。

表 5 - 1 - 1　2013 年工业领域发布的中长期或"十二五"规划

类型	规划名称
行业规划	《国家重大科技基础设施建设中长期规划（2012～2030 年）》、《国家高新技术产业开发区"十二五"发展规划》、《"十二五"国家重大创新基地建设规划》、《"十二五"国家自主创新能力建设规划》、《民用航空工业中长期发展规划（2013～2020 年）》、《国务院关于加快发展节能环保产业的意见》、《船舶工业加快结构调整促进转型升级实施方案（2013～2015 年）》
指导目录	《产业结构调整指导目录（2011 年本）（修正）》、《国务院关于化解产能严重过剩矛盾的指导意见》
专项规划	《加快推进传感器及智能化仪器仪表产业发展行动计划》、《"十二五"国家碳捕集利用与封存科技发展专项规划》

（1）行业规划。

2013 年作为"十二五"中间年份，在《国民经济和社会发展第十二个五年规划纲要》和《工业转型升级规划（2011～2015）》的指导下，进一步提出了几个中长期行业发展规划，主要包括科技基础设施建设、高新技术开发区建设以及节能环保产业和船舶工业发展。

为了明确未来 20 年我国重大科技基础设施发展方向和"十二五"时期建设重点，国务院发布了《国家重大科技基础设施建设中长期规划（2012～2030 年）》。目标为，到 2030 年，基本建成布局完整、技术先进、运行高效、支撑有力的重大科技基础设施体系，设施科技效益和经济社会效益显著，取得一批有世界影响力的科研成果，催生一批具有变革性、能带动产业升级的高新技术。

2013 年 3 月，科技部制定《国家高新技术产业开发区"十二五"发展规划纲要》，以更好地培育和发展战略性新兴产业、促进区域经济结构调整和发展方式转变。其中提出，为了加快现代服务业，促进传统产业升级，应从五个方面着手：大力发展高技术服务业、着力发展高端制造环节、大力扶持一批新型产业组织、建设智慧园区、加快发展文化产业。

（2）指导目录。

2013年2月，国家发改委第21号令公布《国家发展改革委关于修改〈产业结构调整指导目录（2011年本）〉有关条款的决定》。在修改过程中，鼓励类增加了11项，修改了7项；限制类删除了1项，修改了10项，增加了1项；淘汰类删除了2项，修改了4项。总体来看，此次修改反映了结构调整和转型升级方向，更加注重对节能环保产业的支持及对产能过剩行业和落后行业的限制，以及鼓励生产性服务业发展，这对于产业结构调整和优化升级，完善现代产业体系具有重要的指导作用。

化解产能严重过剩矛盾是当前和今后一个时期推进产业结构调整的工作重点。2013年10月，《国务院关于化解产能严重过剩矛盾的指导意见》发布，其中提出企业兼并重组和优化产业布局来调整优化产业结构。

5.1.2 自主创新

工业转型升级关键是推动工业发展逐步转向创新驱动、内生增长轨道，其重要支撑和中心环节就是要增强自主创新能力，加快推动技术进步，这也成为2013年我国产业政策关注的重点。

（1）加强自主创新能力。

2013年1月，国家发布《"十二五"国家自主创新能力建设规划》。规划涉及创新基础设施、创新主体、创新人才队伍和制度文化环境等方面，目的是引导创新主体行为，指导全社会加强自主创新能力建设，加快推进创新型国家建设。到"十二五"末，我国自主创新能力建设目标是：创新基础条件建设布局更加合理；重点领域创新能力明显提升；创新主体实力明显增强；区域创新能力布局不断优化；创新环境更加完善。"十二五"时期，我国自主创新能力建设总体部署是：加强政府统筹规划指导，重点发挥市场在资源配置中的基础性作用，引导社会创新主体积极参与，重点推进科学研究实验设施和各类创新基地建设，加强科技资源整合共享和高效利用，健全国家标准、计量、检测和认证技术体系，支撑科技跨越发展；加快推进重点产业关键核心技术研发和工程化能力建设，提升重点社会领域创新能力和公共服务水平，构建各具特色、协调发展的区域创新体系，支撑经济社会创新发展；加强创新主体能力、人才队伍和制度等创新环境建设，深化国际交流与合作，强化知识产权创造、运用、保护和管理能力，激发全社会创新活力，提高创新效率和效益（见表 5 – 1 – 2）。

表 5 – 1 – 2　"十二五"国家自主创新能力建设规划重点产业的创新能力培育

重点产业	主要内容
农业创新能力	加强农业技术创新平台建设，推进农业创新资源集聚；加快农业技术推广体系建设
制造业创新能力	加强制造业共性技术创新平台建设，提高重大成套技术装备开发能力，推动工业化和信息化深度融合
战略性新兴产业创新能力	加强战略性新兴产业创新平台和标准化建设，推进战略性新兴产业创新成果应用示范
现代服务业创新能力	加强服务业公共技术创新平台和标准体系建设，加快服务业创新基地建设
能源产业和综合交通运输创新能力	推进能源产业和综合交通运输绿色发展，提高能源生产运行和交通运输安全技术保障能力，强化能源和交通重大工程建设技术支撑

2013 年 3 月，科技部制定了《国家高新技术产业开发区

"十二五"发展规划纲要》，坚持创新驱动，把提高自主创新能力贯穿建设发展的各个环节。通过五个方面来加快创新体系建设，提升企业自主创新能力：一是加强原始创新知识产出；二是建立更为顺畅的产学研合作关系；三是鼓励企业加大研发投入；四是加大平台建设力度；五是大力支持协同创新。

《中共科学技术部党组关于深入实施创新驱动发展战略、加快科技改革发展的意见》为深入实施创新驱动发展战略，开创科技工作新局面提出了十点建议：一是全面落实创新驱动发展战略；二是统筹部署科技改革发展；三是扎实推进科技体制改革各项任务；四是支撑引领经济结构战略性调整；五是全面提升科技持续发展能力；六是推动现代农业与城镇化发展；七是促进文化、社会和生态文明建设；八是以全球视野推动科技创新；九是积极营造科技创新良好环境；十是切实提高科技管理干部队伍战斗力。

（2）提升企业创新能力。

2013 年 1 月，国务院办公厅发布了《关于强化企业技术创新主体地位　全面提升企业创新能力的意见》，提出要深入贯彻落实党的十八大精神和《中共中央国务院关于深化科技体制改革加快国家创新体系建设的意见》（中发〔2012〕6 号），全面提升企业创新能力以及相应的指导思想、主要目标、重点任务和组织实施方法。研究目标为，到 2015 年，基本形成以企业为主体、市场为导向、产学研相结合的技术创新体系。重点任务包括，进一步完善引导企业加大技术创新投入的机制，支持企业建立研发机构，支持企业推进重大科技成果产业化，大力培育科技型中小企业，以企业为主导发展产业技术创新战略联盟，依托转制院所和行业领军企业构建产业共性技术研发基地，强化科研院所和高等学校对企业技术创新的源头支持，强化加强企业创新人才队伍建设、完善面向企业的技术创新服务平台，加强企业创新人才队伍建设，推动科技资源开放共享，提升企业技术创新开放合作水平，完善支持企业技术创新的财税金融等政策。

（3）创新型产业集群建设。

2013年2月，科技部发布《创新型产业集群试点认定管理办法》及创新型产业集群评价指标体系。创新型产业集群是指产业链相关联企业、研发和服务机构在特定区域集聚，通过分工合作和协同创新，形成具有跨行业跨区域带动作用和国际竞争力的产业组织形态。集群试点工作在高新技术产业园区开展，一般以国家高新技术产业开发区为重点，通过政府组织引导、集群科学规划和产业链协同发展，促进传统产业转型升级和新兴产业培育发展，提升产业竞争力。试行的评价指标体系包括创新环境、主导产业和服务体系三个方面。

2013年6月，科技部批准了第一批十个创新型产业集群试点，包括北京中关村移动互联网创新型产业集群、保定新能源与智能电网装备创新型产业集群、本溪制药创新型产业集群、无锡高新区智能传感系统创新型产业集群、温州激光与光电创新型产业集群、潍坊半导体发光创新型产业集群、武汉东湖高新区国家地球空间信息及应用服务创新型产业集群、株洲轨道交通装备制造创新型产业集群、深圳高新区下一代互联网创新型产业集群、惠州云计算智能终端创新型产业集群。

（4）重大科技基础设施建设。

2013年2月，国务院印发《国家重大科技基础设施建设中长期规划（2012~2030年）》，落实全国科技创新大会部署和深化科技体制改革、加快国家创新体系建设要求，以提升原始创新能力和支撑重大科技突破为目标，健全协同创新和开放共享机制为保障，布局新建与整合提升相结合、自主发展与国际合作相结合、设施建设与人才培养相结合，加大投入力度，加快建设完善重大科技基础设施体系，全面提升设施建设水平和运行效率，为我国科技长远发展和创新型国家建设提供有力支撑。《国家重大科技基础设施建设中长期规划（2012～2030）》建设原则一是着眼长远、服务大局；二是科学谋划、系统布局；三是重点突破、实现跨越；四是创新机制、持续发展。未来 20 年，瞄准科技前沿研究和国家重大战略需求，根据重大科技基础设施发展国际趋势和国内基础，以能源、生命、地球系统与环境、材料、粒子物理和核物理、空间和天文、工程技术 7 个科学领域为重点，从预研、新建、推进和提升四个层面逐步完善重大科技基础设施体系。

（5）高新区创新驱动战略提升行动。

2013 年 3 月，科技部发布《国家高新技术产业开发区创新驱动战略提升行动实施方案》，从重要性和紧迫性、内涵目标、重点任务、组织实施四个方面提出实施方案，要求到 2020 年，努力将国家高新区建设成为自主创新战略高地，培育和发展战略性新兴产业核心载体，转变发展方式和调整经济结构重要引擎，实现创新驱动与科学发展先行区域，抢占世界高新技术产业制高点的前沿阵地，充分发挥国家自主创新示范区、国家高新区的核心载体作用，以更强大的创新能力服务创新型国家建设。

（6）重大创新基地建设。

2013 年 3 月，科技部和国家发改委发布《"十二五"国家重大创新基地建设规划》，要求"十二五"期间，结合国民经济发展重大需求和现有创新载体发展基础，选择具备优势创新条件和基础的领域，试点建设 15～20 个国家重大创新基地。到

2020 年，在试点建设工作取得经验基础上，围绕国家中长期科技发展规划纲要确定的重点领域和优先主题开展布局，建成一批国家重大创新基地。充分发挥现有各类创新载体作用，集成创新载体优势资源是建设国家重大创新基地的主要方式。在建设中，要根据不同领域的新特点、发展需求和建设基础，合理选择横向集成、纵向集成或二者结合的集成方式。其中，横向集成指集成创新链同一环节上依托高等院校、科研院所、骨干企业等不同创新主体建设的各类创新载体，形成科技创新规模效应，使国家重大创新基地具备完成重大科学、技术、工程任务，保障国家重大需求的能力。纵向集成指集成科学研究、技术开发与工程化、产业化等创新链不同环节上各类创新载体，使研究实验基地、工程技术研发基地、产业创新服务基地按各自在创新链上的功能定位有序衔接，以推动创新链各环节的互动与合作，加快从基础研究到产业化的转移进程，促进创新成果快速扩散。

5.1.3 两化融合

信息化与工业化深度融合日益成为经济发展方式转变的内在动力，充分发挥信息化在工业转型升级中的支撑和牵引作用，电子商务、互联网、物联网的建设成为 2013 年我国产业政策的重点。

（1）两化融合专项行动。

2013 年 8 月，工信部发布《信息化和工业化深度融合专项行动计划（2013～2018 年）》，明确了总体要求、主要行动和保障措施。此行动计划指导思想为，"深入贯彻落实党的十八大精神，着眼转变经济发展方式的长期目标，围绕稳增长、调结构、促改革、惠民生的工作重点，以促进工业转型升级为主攻方向，以创新驱动为核心动力，着力释放改革红利，创新行政管理和服务方式，营造良好的政策环境，全面提升企业竞争能力；着力突破关键技术领域和应用瓶颈，加快传统产业改造升级，培育壮大生产性服务业，拓展战略性新兴产业发展空间；着力发挥地方区位优势和比较优势，增强产业政策协调性和互补性，激发经济增长新动力，保障网络与信息安全，加快建设工业强国，打造中国工业经济升级版。"

总体目标为，"到2018年，两化深度融合取得显著成效，信息化条件下的企业竞争能力普遍增强，信息技术应用和商业模式创新有力促进产业结构调整升级，工业发展质量和效益全面提升，全国两化融合发展水平指数达到82。"专项行动计划的主要行动包括如下几个方面（见表5-1-3）。

表5-1-3　信息化和工业化深度融合专项行动计划主要行动

序号	主要行动	行动目标	行动内容
1	"企业两化融合管理体系"标准建设和推广行动	制定"企业两化融合管理体系"国家标准，规范企业系统推进两化融合通用方法，建立全国性第三方认定服务体系，推动企业建立、实施和改进两化融合管理体系，促使企业稳定获取预期的信息化成效，引领企业打造和提升信息化环境下的竞争能力；完善支撑两化深度融合的相关标准	制定"企业两化融合管理体系"国家标准；推动建立第三方认定服务体系；开展试点和推广；加快制定支持两化深度融合的技术标准规范
2	企业两化深度融合示范推广行动	依据工业企业两化融合评估规范，支持行业和区域开展企业对标，加强示范带动，引导企业逐级提升，促进企业创新能力、劳动生产率、产品质量等核心竞争力的整体提高	完善工业企业两化融合水平测度机制；推进企业对标和行业示范推广；开展区域分级分类推进

序号	主要行动	行动目标	行动内容
3	中小企业两化融合能力提升行动	中小企业信息化推进工程持续深入推进，面向中小微企业的信息化服务体系进一步完善，综合服务和专业服务能力不断提高；降低中小微企业信息化应用门槛，解决中小微企业在技术创新、企业管理、市场开拓、投资融资、人才培养、信息咨询等方面存在的突出困难，增强中小微企业发展活力	健全和完善社会化、专业化中小企业信息化服务体系；提高中小企业信息化应用能力和水平
4	电子商务和物流信息化集成创新行动	深化重点行业电子商务应用，提高行业物流信息化和供应链协同水平，促进以第三方物流、电子商务平台为核心的新型生产性服务业发展壮大，创新业务协作流程和价值创造模式，提高产业链整体效率	提升重点行业电子商务和供应链协同能力；提升第三方物流服务能力；推动工业企业电子商务创新发展
5	重点领域智能化水平提升行动	加快民爆、危化、食品、稀土、农药以及重点用能行业智能监测监管体系建设，提高重点高危行业安全生产水平，加强民爆行业安全生产监测监管，开展危险化学品危险特性公示，实现食品质量安全信息全程可追溯，促进稀土资源高效开采利用；提高重点行业能源利用智能化水平，推动行业绿色发展、安全发展	加强民爆行业安全生产监测监管；开展危险化学品危险特性公示；实现食品行业质量安全信息可追溯；建立稀土行业信息化监管基础；加强农药行业信息化监管；提高重点高危行业安全生产水平；推进重点行业节能减排
6	智能制造生产模式培育行动	面向国民经济重点领域智能制造需求，创新智能制造装备产品，提高重大成套设备及生产线系统集成水平；加快工业机器人、增材制造等先进制造技术在生产过程中应用；培育数字化车间、智能工厂，推广智能制造生产模式	加快重点领域装备智能化；推进生产过程和制造工艺智能化；推动智能制造生产模式的集成应用

序号	主要行动	行动目标	行动内容
7	互联网与工业融合创新行动	抓住信息、材料、能源等技术变革与制造技术融合创新重大机遇，深化物联网、互联网在工业中的应用，促进工业全产业链、全价值链信息交互和集成协作，创新要素配置、生产制造和产业组织方式，加快工业生产向网络化、智能化、柔性化和服务化转变，延伸产业链，培育新业态，推动中国制造向中国创造转变	推动物联网在工业领域的集成创新和应用； 发展网络制造新型生产方式； 加快电子商务驱动的制造业生态变革； 促进工业大数据集成应用
8	信息产业支撑服务能力提升行动	建设下一代信息基础设施，实现电信运营商向综合信息服务商转变；突破一批核心关键技术，提高电子信息产业链各环节配套能力，逐步形成安全可控的现代信息技术产业体系；信息化综合服务体系基本完善，信息技术与传统工业技术协同创新能力得到增强，新型工业化产业示范基地服务能力显著提升	加快提升信息网络基础设施； 增强电子信息产业支撑服务能力； 提高信息化综合服务能力； 支持信息技术企业与工业企业战略合作； 提升新型工业化产业示范基地服务能力

（2）扩宽电子商务发展空间。

2013年8月，国务院发布《关于促进信息消费扩大内需的若干意见》，提出培育信息消费需求，扩宽电子商务发展空间；完善智能物流基础设施，支持农村、社区、学校物流快递配送点建设；各级人民政府要出台仓储建设用地、配送车辆管理等方面的鼓励政策；大力发展移动支付等跨行业业务，完善互联网支付体系；加快推进电子商务示范城市建设，实施可信交易、网络电子发票等电子商务政策试点；支持网络零售平台做大做强，鼓励引导金融机构为中小网商提供小额贷款服务，推动中小企业普及应用电子商务；拓展移动电子商务应用，积极培育城市社区、农产品电子商务；建设跨境电子商务通关服务平台和外贸交易平台，实施与跨境电子商务相适应的监管措施，鼓励电子商务"走出去"。

2013 年 9 月，国家发展改革委、财政部、商务部、人民银行、海关总署、税务总局、工商总局、质检总局 8 部门启动第二批国家电子商务示范城市创建工作。创建示范城市主要工作任务包括：完善电子商务法规政策环境，健全电子商务支撑体系，加强电子商务基础设施和交易保障设施建设，积极培育电子商务服务，深化电子商务应用。

2013 年 10 月，商务部发布《关于促进电子商务应用的实施意见》，工作目标为：到 2015 年，使电子商务成为重要的社会商品和服务流通方式，电子商务交易额超过 18 万亿元，应用电子商务完成进出口贸易额力争达到我国当年进出口贸易总额的 10% 以上，网络零售额相当于社会消费品零售总额的 10% 以上，我国规模以上企业应用电子商务比例达到 80% 以上；电子商务基础法规和标准体系进一步完善，应用促进的政策环境基本形成，协同、高效的电子商务管理与服务体制基本建立；电子商务支撑服务环境满足电子商务快速发展需求，电子商务服务业实现规模化、产业化、规范化发展。重点任务包括，引导网络零售健康快速发展，加强农村和农产品电子商务应用体系建设，支持城市社区电子商务应用体系建设，推动跨境电子商务创新应用，加强中西部地区电子商务应用，鼓励中小企业电子商务应用，鼓励特色领域和大宗商品现货市场电子商务交易，加强电子商务物流配送基础设施建设，扶持电子商务支撑及衍生服务发展，促进电子商务示范工作深入开展。

（3）推动互联网产业发展。

互联网是我国经济社会发展的重要信息基础设施。根据国务院审议通过的《关于下一代互联网"十二五"发展建设的意见》，为推动我国下一代互联网产业快速发展，2013年国家制定了一系列相关政策。

2013年8月，国务院发布《关于促进信息消费扩大内需的若干意见》，在加快信息基础设施演进升级中提出了与互联网的相关要求。首先，完善宽带网络基础设施。发布实施"宽带中国"战略，加快宽带网络升级改造，推进光纤入户，统筹提高城乡宽带网络普及水平和接入能力。开展下一代互联网示范城市建设，推进下一代互联网规模化应用。推进下一代广播电视网规模建设。完善电信普遍服务补偿机制，加大支持力度，促进提供更广泛的电信普遍服务。持续推进电信基础设施共建共享，统筹互联网数据中心（IDC）等云计算基础设施布局。各级人民政府要将信息基础设施纳入城乡建设和土地利用规划，给予必要的政策资金支持。其次，统筹推进移动通信发展。扩大第三代移动通信（3G）网络覆盖，优化网络结构，提升网络质量。根据企业申请情况和具备条件，于2013年发放第四代移动通信（4G）牌照。加快推进我国主导的新一代移动通信技术时分双工模式移动通信长期演进技术（TD-LTE）网络建设和产业化发展。最后，全面推进三网融合。加快电信和广电业务双向进入，在试点基础上于2013年下半年逐步向全国推广。推动中国广播电视网络公司加快组建，推进电信网和广播电视网基础设施共建共享。加快推动地面数字电视覆盖网建设和高清交互式电视网络设施建设，加快广播电视模数转换进程。鼓励发展交互式网络电视（IPTV）、手机电视、有线电视网宽带服务等融合性业务，带动产业链上下游企业协同发展，完善三网融合技术创新体系。

2013 年 8 月，国家发展改革委、工业和信息化部、科技部、国家新闻出版广电总局联合发布《关于开展国家下一代互联网示范城市建设工作的通知》，在目前已具备一定基础条件的 22 个城市中，先行支持建设一批具有典型带动作用的示范城市。示范城市的主要建设任务包括加强基础设施建设、推动业务全面升级、开展行业特色应用、健全产业支撑体系、提高安全保障能力。

2013 年 9 月，国家发改委办公厅发布《关于组织实施 2013 年移动互联网及第四代移动通信（TD－LTE）产业化专项的通知》。专项目标包括：把握全球移动互联网发展机遇，以移动智能终端为着力点，提高移动智能终端核心技术开发及产业化能力。加快移动互联网关键技术研发及应用，培育能够整合产业链上下游资源、具备一定规模的移动互联网骨干企业。完善公共服务平台建设，形成综合的移动互联网产业服务能力。推进 TD－LTE 技术在重点领域的创新示范应用，带动 TD－LTE 产业快速发展。

2013 年 6 月，科技部批准的第一批 10 个创新型产业集群试点中有 3 个与互联网技术相关，包括北京中关村移动互联网创新型产业集群、深圳高新区下一代互联网创新型产业集群、惠州云计算智能终端创新型产业集群。

5.1.4 升级布局

老工业基地改造是工业转型升级的重要方面。改革开放特别是实施东北地区等老工业基地振兴战略以来，120 个老工业城市呈现不同发展态势。95 个地级老工业城市中，大部分发展速度加快，但发展方式仍然比较粗放，需要在更高层次推进调整改造；少部分发展迟缓或主导产业呈现明显衰退特征，调整改造任务艰巨。2013 年关于老工业基地的升级布局成为工业转型升级的重要内容。

2013 年 3 月，发改委制定了《全国老工业基地调整改造规划（2013~2022 年)》。2013 年 6 月，发改委又印发了《2012 年振兴东北地区等老工业基地工作进展情况和 2013 年工作要点》。2013 年 7 月，发改委和中国科学院联合发布《科技助推西部地区转型发展行动计划（2013~2020 年)》。这些转型升级政策措施从优化产业布局，加快产业协作角度促进了工业转型升级。

其中，《全国老工业基地调整改造规划（2013~2022 年)》提出以下工作重点：一是再造产业竞争新优势。坚持走新型工业化道路，改造提升传统优势产业，大力培育发展战略性新兴产业，促进生产性服务业与工业融合发展，全面提升老工业基地产业综合竞争力。二是全面提升城市综合功能。统筹老工业城市城区老工业区改造和新区建设，优化城市内部空间布局，加强市政公共设施建设，完善城市功能，增强老工业基地辐射带动作用。三是促进绿色发展。大力推进节能减排，集约利用资源，保护和改善生态环境，不断提高绿色低碳发展水平，建设资源节约型、环境友好型城市。四是增强创新支撑能力。加快推动教育、科技发展和人才队伍建设，夯实调整改造智力基础，增强老工业基地自主创新能力。五是着力保障和改善民生。坚持民生优先，建立和完善基本公共服务体系，着力解决就业、社会保障、住房等重点民生问题，加强和创新社会管理，促进社会和谐稳定。六是进一步深化改革开放。创新体制机制，大力推进国有企业改革，积极发展多种所有制经济，加快转变政府职能，提升对内对外开放层次和水平，为调整改造提供强大动力。七是政策扶持与规划实施。深刻认识老工业基地调整改造的重要性、艰巨性、复杂性和紧迫性，充分发挥市场机制基础性作用，采取有针对性的政策措施，加大扶持力度，努力实现调整改造目标。

5.2 行业规制

行业规制是实现企业提质增效和产业转型升级的重要途径，也是产业政策实施的重点之一。2013 年，国家从加强行业准入管理、化解产能严重过剩矛盾、推进淘汰落后产能和节能减排等方面，进一步完善行业规制政策，努力推动产业实现持续健康发展。

5.2.1 行业准入

2013 年，国家对行业准入管理进入常态化，进一步完善重点行业准入条件，加强行业准入公告管理，强化对已准入企业的监督检查和动态管理，推动重点行业从产业技术、产品质量、生产安全、节能环保等方面实现优化升级。从完善准入条件看，工业和信息化部、环境保护部等部委发布了《关于促进铅酸蓄电池和再生铅产业规范发展的意见》和《关于做好〈再生铅行业准入条件〉实施工作的通知》，工业和信息化部修订形成了《电石行业准入条件（2013 年修订）》（征求意见稿）并公开征求意见，召开了《铁合金行业准入条件》和《电解金属锰行业准入条件》修订工作研讨会。从加强公告管理看，工业和信息化部发布了符合《电石行业准入条件》企业名单（第五批）、符合《焦化行业准入条件》企业名单（第八批），公示了拟公告的符合《黄磷行业准入条件》企业名单（第二批）和拟公告符合《铁合金及电解金属锰行业准入条件》企业名单（第五批）。从强化对已准入企业的监督检查看，工业和信息化部下发了《关于做好铁合金准入公告企业监督检查和第五批准入公告申报工作的通知》，要求认真做好前三批铁合金准入公告企业监督检查工作，主要核查企业法人名下所有铁合金资产是否存有应淘汰的落后产能，以及除尘设施是否配备、运行是否正常，提出核查意见或限期整改意见。在监督检查基础上，工业和信息化部针对部分企业现有产能属于落后产能或已被淘汰，不再符合准入条件要求，撤销了部分铁合金及电解金属锰准入公告资质的企业。

5.2.2　化解产能严重过剩矛盾

针对产能严重过剩越来越成为我国经济运行中的突出矛盾和诸多问题的根源这一现象，2013 年，国家明确提出"化解产能严重过剩矛盾是当前和今后一个时期推进产业结构调整的工作重点"。为了积极有效化解钢铁、水泥、电解铝、平板玻璃、船舶等行业产能严重过剩矛盾，同时指导其他产能过剩行业的化解工作，2013 年 10 月印发了《国务院关于化解产能严重过剩矛盾的指导意见》。这一意见明确了化解产能严重过剩矛盾的七大任务，即坚决遏制产能盲目扩张、清理整顿建成违规产能、淘汰和退出落后产能、调整优化产业结构、努力开拓国内市场需求、积极拓展对外发展空间、增强企业创新驱动发展动力；要求分业施策，对产能严重过剩行业，要根据行业特点，开展有选择、有侧重、有针对性的化解工作，提出了钢铁、水泥、电解铝、平板玻璃、船舶等行业化解产能严重过剩的具体要求和策略；提出了化解产能严重过剩矛盾的政策措施，包括完善行业管理、强化环保硬约束监督管理、加强土地和岸线管理、落实有保有控的金融政策、完善和规范价格政策、完善财税支持政策、落实职工安置政策、建立项目信息库和公开制度、强化监督检查。

5.2.3 淘汰落后产能

2013年，国家将淘汰落后产能作为转变经济发展方式的重要举措，进一步加大淘汰落后产能工作力度，完善相关政策体系，推动淘汰落后产能工作取得重要进展。

（1）明确和分解年度淘汰落后产能目标任务。

2013年4月，工业和信息化部下达2013年19个工业行业淘汰落后产能目标任务，其中炼铁263万吨，炼钢781万吨，焦炭1405万吨，铁合金172.5万吨，电石113.3万吨，电解铝27.3万吨，铜冶炼66.5万吨，铅冶炼87.9万吨，锌冶炼14.3万吨，水泥（熟料及磨机）7345万吨，平板玻璃2250万重量箱，造纸455万吨，酒精30.3万吨，味精28.5万吨，柠檬酸7万吨，制革690万标张，印染236150万米，化纤31.4万吨，铅蓄电池极板1420万千伏安时、组装1067万千伏安时。在此基础上，工业和信息化部还公布了2013年工业行业淘汰落后产能企业名单，要求有关省（区、市）采取有效措施，力争在2013年9月底前关停列入公告名单内的落后产能企业，确保2013年12月底前彻底拆除淘汰，不得向其他地区转移，并做好对淘汰落后产能企业现场检查验收和发布任务完成公告工作。

（2）加强淘汰落后产能检查考核。

按照淘汰落后产能工作部际协调小组统一部署，2013年4月，部际协调小组成员单位分10个组对2012年各地淘汰落后产能工作进行了考核，重点是准确掌握各地目标任务完成情况、协调机制运行情况和政策措施落实情况，现场核查落后设备拆除情况，了解企业落后设备拆除中遇到的困难和问题，推动政策措施更好落实。2013年11月，工业和信息化部、国家能源局公告了《2012年全国淘汰落后产能目标任务完成情况》和《2012年未彻底拆除落后产能设备的企业名单》。

（3）推进产能等（减）量置换工作。

2013年10月下发的《国务院关于化解产能严重过剩矛盾的指导意见》明确提出，产能严重过剩行业项目建设须制定产能置换方案，实施等量或减量置换，在京津冀、长三角、珠三角等环境敏感区域实施减量置换。项目所在地省级人民政府须制定产能等量或减量置换方案并向社会公示，行业主管部门对产能置换方案予以确认并公告，同时将置换产能列入淘汰名单，监督落实。鼓励各地积极探索政府引导、企业自愿、市场化运作的产能置换指标交易，形成淘汰落后与发展先进的良性互动机制。为落实这一精神，2013年11月，工业和信息化部分别组织召开两次产能等量或减量置换研讨会，研究如何做好产能严重过剩行业产能置换实施办法制定工作。

（4）加强落后产能的电力节能减排监管。

为加强对淘汰落后产能企业电力监管，做好停限电工作，防止落后产能"死灰复燃"，2013年1月，电监会、工业和信息化部联合印发了《关于进一步加强电力节能减排监管做好淘汰落后产能工作的通知》，要求电力监管机构根据淘汰落后产能工作考核实施方案，监督供电企业依法做好停限电工作，按有关规定对违规供电的电力企业和个人追究责任；供电企业按要求对未按期拆除落后设备的企业实施停限电，对已完成淘汰落后产能任务的企业及时恢复供电；电力监管机构和工业和信息化主管部门加强协调配合和信息共享，加大对产品能耗限额标准、差别电价、惩罚性电价等执行情况的监督检查力度。

（5）加强淘汰落后产能的协调工作与经验交流。

2013年3月，淘汰落后产能工作部际协调小组第四次会议在北京召开，会议通报了协调小组成员变动情况，审定2013年淘汰落后产能目标任务，研究部署2013年重点工作。2013年1月，工业和信息化部组织召开17个省（区、市）及新疆生产建设兵团淘汰落后产能工作座谈会，通报了各地2012年淘汰落后产能工作进展情况，分析了淘汰落后产能工作面临的新形势，研讨了下一步工作思路和措施。2013年8月，工业和信息化部组织召开16省（区、市）淘汰落后产能工作经验交流会，部署淘汰落后产能相关工作，交流各地有效经验和做法，对下一步工作提出针对性建议。

5.2.4 节能减排

2013年，国家进一步加强了节能减排工作，通过完善制度、政策引导、强化监管、激励约束等方式推动节能减排工作再上新台阶。

（1）加强重点行业节能减排工作。

从通信业看。2013年2月，工业和信息化部下发《关于进一步加强通信业节能减排工作的指导意见》，要求充分发挥信息通信技术优势，立足信息通信产业价值链，通过节能降耗、绿色环保新技术的全面应用，深入推进节能减排工作。

从内燃机工业看。2013年2月，国务院办公厅下发《关于加强内燃机工业节能减排的意见》，要求以降低能源资源消耗、减少污染物和二氧化碳排放为目标，以企业为主体，以市场为导向，以科技为核心，以示范工程为抓手，加强统筹协同，完善管理制度和政策标准体系，建立健全激励约束机制，加快内燃机节能减排新技术的研发、应用和产业化，推进内燃机替代能源多元化应用，推动再制造产业发展，降低内燃机燃油消耗率，提高我国内燃机产品节能减排水平和内燃机工业国际竞争力。10月，工业和信息化部发布了《内燃机再制造推进计划》，以再制造试点企业实践经验为基础，组织行业内一批理念领先、技术水平高、经济效益好、创新能力强、市场占有率领先、回收体系完善的企业，围绕内燃机再制造产业发展的关键共性问题，突出重点、分工协作，加快创新、联合攻关、分类指导、示范引领、统筹推进，通过实施内燃机再制造重点工程，提升内燃机再制造技术装备水平和产业化能力，加快推进内燃机再制造产业规模化、规范化、市场化，提高内燃机再制造产品市场占有率，提升内燃机工业再制造水平和国际竞争力，促进行业转型升级。

从有色金属工业看。2013年2月，工业和信息化部出台了《关于有色金属工业节能减排的指导意见》，提出有色金属工业节能减排11项重点任务，即加快推动产业结构优化调整，加强节能减排与资源综合利用关键技术研发，推动节能减排先进适用技术应用示范，扎实推进有色金属再生循环利用，推动行业能效对标达标，强化企业节能降耗管理，积极推行清洁生产，加强重金属污染防治，切实加强赤泥综合利用，大力推广应用信息技术，开展资源节约型、环境友好型企业创建活动。

从铅酸蓄电池和再生铅产业看。2013年3月，工业和信息化部等下发了《关于促进铅酸蓄电池和再生铅产业规范发展的意见》，要求加强环境保护核查、行业准入和生产许可证管理，加大环境执法力度，健全政策法规和标准体系，有效控制铅排放，实现铅酸蓄电池规范生产、有序回收、合理再生利用。到2015年，废铅酸蓄电池的回收和综合利用率要达到90%以上，铅循环再生比重超过50%，推动形成全国铅资源循环利用体系。

从电机行业看。2013 年 6 月，工业和信息化部、国家质量监督检验检疫总局联合印发《关于组织实施电机能效提升计划的通知（2013～2015 年）》，拟用 3 年时间，组织和动员全系统力量，通过政策引导、标准约束、监督监察等手段以及市场化运作机制，从电机生产、应用及回收再制造领域全面提升电机能效，促进电机产业转型升级。

从部分重点行业看。2013 年 9 月，工业和信息化部等发布《重点工业行业用水效率指南》，梳理火电、钢铁、纺织、造纸、石化和化工、食品和发酵等高用水行业共 40 多种主要工业产品（工序）用水现状，依据国家相关标准，结合行业现状，选取单位产品取水量先进值、平均值、限定值和准入值，作为衡量和评价工业企业用水效率水平、指导工业企业开展节水对标达标核心指标，并提出了提升工业行业用水效率的技术措施。

从石化和化学工业看。2013 年 12 月，工业和信息化部印发《关于石化和化学工业节能减排的指导意见》，要求坚持把石化和化学工业节能减排与产业转型升级、化解过剩产能相结合，加快形成转变行业发展方式的倒逼机制；坚持强化责任、健全法制、完善政策、加强监管相结合，建立健全激励和约束机制；坚持政府为主导、企业为主体、市场有效驱动、全社会共同参与的节能减排工作格局，大幅度提高能源利用效率，显著减少污染物排放，促进行业绿色循环低碳发展。

（2）推动节能环保产业加快发展。

2013 年 8 月，国务院印发《国务院关于加快发展节能环保产业的意见》，提出加快发展节能环保产业总体要求和主要任务，明确要求围绕提高产业技术水平和竞争力，以企业为主体、市场为导向、工程为依托，强化政府引导，完善政策机制，培育规范市场，着力加强技术创新，大力提高技术装备、产品、服务水平，促进节能环保产业快速发展，释放市场潜在需求，形成新的增长点，为扩内需、稳增长、调结构，增强创新能力，改善环境质量，保障改善民生和加快生态文明建设做出贡献。为此，这一意见还提出，要围绕重点领域，促进节能环保产业发展水平全面提升；发挥政府作用，引领社会资金投入节能环保工程建设；推广节能环保产品，扩大市场消费需求；加强技术创新，提高节能环保产业市场竞争力；强化约束激励，营造有利的市场和政策环境。12月，国家税务总局和国家发展改革委联合发布《关于落实节能服务企业合同能源项目企业所得税优惠政策有关征收管理问题的公告》，以鼓励企业采用合同能源管理模式开展节能服务，规范合同能源项目企业所得税管理。

（3）推广节能技术与产品。

2013年，国家继续推广节能技术与产品作为推进节能减排重要举措，其政策重点主要包括：一是制定发布节能技术与产品指导目录。2013年11月，工业和信息化部公告了《"能效之星"产品目录（2013年）》，涉及11大类24种类型91个型号产品。其中电动洗衣机1种类型3个型号产品，热水器4种类型17个型号产品，平板电视2种类型6个型号产品，房间空气调节器4种类型10个型号产品，家用电冰箱3种类型14个型号产品，台式微型计算机1种类型2个型号产品，清水离心泵1个产品类型5个型号产品，容积式空气压缩机1个产品类型3个型号产品，中小型三相异步电动机1个产品类型4个型号产品，三相配电变压器4个产品类型23个型号产品，工业锅炉2个产品类型4个型号产品。二是加强节能工业产品推广信息监管。2013年9月，工业和信息化部等印发《节能产品惠民工程节能工业产品推广信息监管核查实施方案》，明确了监管思路、监管对象及责任、监管核查内容、监管核查程序、处罚措施和保障措施。

（4）开展试点示范与专项行动。

从试点示范看，2013年9月，工业和信息化部、国家发展改革委下发《关于组织开展国家低碳工业园区试点工作的通知》，要求选择一批基础好、有特色、代表性强、依法设立的工业园区，通过试点建设，大力使用可再生能源，加快钢铁、建材、有色、石化和化工等重点用能行业低碳化改造；培育积聚一批低碳型企业；推广一批适合我国国情的工业园区低碳管理模式，试点园区碳排放强度达到国内行业先进水平，引导和带动工业低碳发展。同月，工业和信息化部在聚氯乙烯等28个重点行业，从清洁生产制度建设、原材料优化调整、技术工艺创新和改造升级、产品生态设计、资源高效利用等方面，遴选出新疆天业（集团）有限公司等43家企业作为清洁生产示范企业。从专项行动看，2013年3月，工业和信息化部印发《2013年工业节能与绿色发展专项行动实施方案》，要求以电机能效提升、涉铅行业绿色发展为抓手，组织动员全系统力量实施节能与绿色发展专项行动，细化实施方案，明确目标任务，加强政策引导，强化标准约束，开展监督检查，全面提升电机能效水平，促进电机产业升级，促进铅酸蓄电池、再生铅等涉铅行业规范发展，提高污染防治水平，推动行业绿色低碳转型。

5.3 行业整合

行业整合是推动工业转型升级、加快转变发展方式的重要举措，有利于提高资源配置效率，调整优化产业结构，由此推动行业整合成为2013年我国产业政策重点。

5.3.1　企业兼并重组

2013 年 1 月，企业兼并重组部际协调小组十二个部门联合下发的《关于加快推进重点行业企业兼并重组的指导意见》明确推进重点行业兼并重组的基本要求、主要目标、重点任务和政策措施。这一意见明确提出，推动重点行业企业兼并重组，要以产业政策为引导、以产业发展重点关键领域为切入点，鼓励大型骨干企业开展跨地区、跨所有制兼并重组；鼓励企业通过兼并重组延伸产业链，组成战略联盟；鼓励企业"走出去"，参与全球资源整合与经营，提升国际化经营能力，增强国际竞争力。

这一意见提出了汽车、钢铁、水泥、船舶、电解铝、稀土、电子信息、医药、农业产业化龙头企业等推进企业兼并重组的目标（如表 5 - 3 - 1 所示），同时从科学制订方案、加强风险防控、加强重组后整合、加强组织协调、落实政策措施、营造良好环境、做好管理服务七个方面明确了引导企业稳妥开展兼并重组的具体要求和举措。

表 5 - 3 - 1　重点行业企业兼并重组目标

行业	企业兼并重组目标
汽车行业	到 2015 年，前 10 家整车企业产业集中度达到 90%，形成 3 ~ 5 家具有核心竞争力的大型汽车企业集团
钢铁行业	到 2015 年，前 10 家钢铁企业集团产业集中度达到 60% 左右，形成 3 ~ 5 家具有核心竞争力和较强国际影响力的企业集团，6 ~ 7 家具有较强区域市场竞争力的企业集团
水泥行业	到 2015 年，前 10 家水泥企业产业集中度达到 35%，形成 3 ~ 4 家熟料产能 1 亿吨以上，矿山、骨料、商品混凝土、水泥基材料制品等产业链完整、核心竞争力和国际影响力强的建材企业集团

行业	企业兼并重组目标
船舶行业	到 2015 年，前 10 家造船企业造船完工量占全国总量 70% 以上，进入世界造船前 10 强企业超过 5 家。形成 5~6 个具有国际影响力的海洋工程装备总承包商和一批专业化分包商。形成若干具有较强国际竞争力的品牌修船企业
电解铝行业	到 2015 年，形成若干家具有核心竞争力和国际影响力的电解铝企业集团，前 10 家企业冶炼产量占全国比例达到 90%。培育 3~5 家具有较强国际竞争力的大型企业集团
稀土行业	支持大企业以资本为纽带，通过联合、兼并、重组等方式，大力推进资源整合，大幅度减少稀土开采和冶炼分离企业数量，提高产业集中度，基本形成以大型企业为主导的行业格局
电子信息行业	到 2015 年，形成 5~8 家销售收入过 1000 亿元的大型骨干企业，努力培育销售收入过 5000 亿元的大企业。以资本为纽带，推进资源整合及产业融合，加快发展和形成一批掌握关键核心技术、创新能力突出、品牌知名度高、国际竞争力强的跨国大公司
医药行业	到 2015 年，前 100 家企业销售收入占全行业 50% 以上，基本药物主要品种销量前 20 家企业所占市场份额达到 80%，实现基本药物生产规模化和集约化。形成一批具有国际竞争力和对行业发展有较强带动作用的大型企业集团
农业产业化龙头企业	支持农业产业化龙头企业通过兼并重组、收购、控股等方式，组建大型企业集团。培育壮大龙头企业，打造一批自主创新能力强、加工水平高、处于行业领先地位的大型龙头企业。引导龙头企业向优势产区集中，形成一批相互配套、功能互补、联系紧密的龙头企业集群，培育壮大区域主导产业，增强区域经济发展实力

5.3.2 地区产业转移

2013 年，国家从多方面继续推动地区间产业转移，创新推动产业转移的载体工具，开展各种形式的产业转移对接活动，探索产业转移项目产业政策符合性试点工作，真正促进地区间产业合理分工和布局优化。

（1）建设国家产业转移信息服务平台。

2013 年 8 月，国家产业转移信息服务平台正式开通运行，是我国目前首个国家级产业转移综合服务平台。平台下设工作动态、重要信息、政策规划、转移动态、行业资讯、区域经济、产业园区、对接广场、各省展厅和专题研究 10 个栏目，旨在宣传国家产业政策、发布产业转移信息、交流产业转移工作经验，展示各地产业园区特色，引导产业有序转移。为切实发挥信息平台作用，确保平台安全可靠运行。2013 年 12 月，工业和信息化部下发《关于做好国家产业转移信息服务平台管理工作的通知》，出台《国家产业转移信息服务平台管理办法》，对平台组织管理与制度、信息采集与内容管理、平台安全等做出明确规范，要求各地工业和信息化主管部门强化责任意识，做好信息保障工作，积极利用信息平台开展工作，强化安全管理。

（2）开展产业政策符合性试点。

2013 年 5 月，工业和信息化部印发《产业转移项目产业政策符合性认定试点工作方案》，明确试点工作主要任务，即以产业转移项目为切入点，坚决防范落后产能转移，建立完善产业政策符合性认定工作的机制和程序，创造产业政策和土地、财税、金融、环保等政策协同配合的沟通渠道和接口，总结形成具有推广价值的工作经验。这一方案还提出了试点工作的相关要求、申请条件和试点时间。2013 年 9 月，工业和信息化部选定上海、河南、四川、甘肃四省（市）为产业转移项目产业政策符合性认定工作试点地区，并印发《工业和信息化部关于在上海等四省（市）开展产业转移项目产业政策符合性认定试点工作的通知》，要求各试点地区根据国家关于淘汰落后产能、化解过剩产能工作有关要求，以遏制低端和落后产能转移为工作重点，加强产业转移项目产业政策符合性认定工作，严把产业政策闸门，杜绝落后产能转移。还要求各试点单位要密切与同级土地、财税、金融、环保等相关部门联系，建立认定意见通报制度，发挥认定意见作用，形成产业政策与财税、金融、环保等政策的协同配合。2013 年 10 月，工业和信息化部组织召开产业转移项目产业政策符合性认定试点工作座谈会，以及时了解产业转移项目产业政策符合性认定试点工作进展情况及遇到的困难和问题，加强各试点地区沟通交流，保障试点工作稳步、有序推进。

（3）举办区域性产业转移对接活动。

2013 年 6 月，工业和信息化部与甘肃省人民政府共同主办甘肃省承接产业转移系列对接活动。本次活动现场签约承接产业转移项目 87 项，其中合同项目 45 项，合同金额 487 亿元，中国物流与采购联合会、中国石油和化学工业联合会、中国轻工业联合会、中国建筑材料联合会、中国有色金属工业协会五家行业组织所属分会和代管协会与甘肃省有关县区签署"一县一业"产业合作协议 29 项，部属七所高校代表与甘肃省有关科研单位签署产学研合作项目 12 项，企业间股权转让协议 1 项。

5.4 产业培育

2013 年，国家以《"十二五"国家战略性新兴产业发展规划》为指引，加快推动战略性新兴产业发展步伐，针对节能环保产业、新一代信息技术产业、新能源汽车产业等领域出台了系列政策，鼓励这些领域快速发展。

（1）鼓励节能环保产业发展政策。

2013 年 1 月，国家发展改革委等六部门联合印发《半导体照明节能产业规划》，要求把 LED 照明作为战略性新兴产业发展重点，提升技术创新和产品质量水平，加大产品应用推广，完善产业支撑体系，加强行业指导和规范，促进 LED 照明节能产业健康有序发展，促进节能减排，提高生态文明水平。规划提出了 LED 照明节能产业发展目标，到 2015 年，关键设备和重要原材料实现国产化，重大技术取得突破；高端应用产品达到国际先进水平，节能效果更加明显；LED 照明节能产业集中度逐步提高，产业集聚区基本确立，一批龙头企业竞争力明显增强；研发平台和标准、检测、认证体系进一步完善。与此同时，规划还明确了 LED 照明节能产业三项主要任务、四项重点工程和五大保障措施。三项主要任务，即逐步开展推广应用、着力提升产业创新能力、加快完善产业服务支撑体系；四项重点工程，即照明产品应用示范与推广工程、产业化关键技术研发工程、核心装备及配套材料技术创新工程、标准检测及认证体系建设工程；五大保障措施，即统筹协调推进产业健康有序发展、继续加大技术创新支持力度、实施支持产业发展的鼓励政策、广泛开展宣传教育和人才培养、深化国际与区域交流合作。

（2）鼓励新一代信息技术产业发展政策。

2013 年，国家出台系列支持物联网、下一代互联网和移动通信技术产业发展政策。在物联网方面，2013 年 2 月，国务院印发《关于推进物联网有序健康发展指导意见》，要求围绕经济社会发展实际需求，以市场为导向，企业为主体，突破关键技术为核心，推动需求应用为抓手，培育产业为重点，保障安全为前提，营造发展环境，创新服务模式，强化标准规范，合理规划布局，加强资源共享，深化军民融合，打造具有国际竞争力的物联网产业体系，有序推进物联网持续健康发展，为促进经济社会可持续发展做出贡献。2013 年 9 月，国家发展改革委等十四个部门联合印发 10 个物联网发展专项行动计划，即顶层设计专项行动计划、标准制订专项行动计划、技术研发专项行动计划、应用推广专项行动计划、产业支撑专项行动计划、商业模式专项行动计划、安全保障专项行动计划、政府扶持措施专项行动计划、法律法规保障专项行动计划、人才培养专项行动计划。2013 年 10 月，国家发展改革委下发《关于组织开展 2014～2016 年国家物联网重大应用示范工程区域试点工作的通知》，决定 2014～2016 年组织开展国家物联网重大应用示范工程区域试点工作。下一代互联网和移动通信技术产业方面，2013 年 9 月，国家发展改革委下发《关于组织实施 2013 年移动互联网及第四代移动通信（TD－LTE）产业化专项的通知》，决定实施移动互联网及第四代移动通信（TD－LTE）产业化专项，重点支持移动智能终端新型应用系统研发及产业化、面向移动互联网的可穿戴设备研发及产业化、移动互联网和智能终端公共服务平台建设、移动智能终端开发及产业化环境建设、高速宽带无线接入设备研发及产业化、高速宽带无线接入技术研发及创新应用示范、移动互联网大数据关键技术研发及产业化、基于 TD－

LTE 的行业创新应用示范。2013 年 12 月，国家发展改革委等四部门下发《关于同意北京市等 16 个城市（群）开展国家下一代互联网示范城市建设工作的通知》，批复了北京市等 16 个城市（群）开展国家下一代互联网示范城市建设的工作方案。

（3）鼓励新能源汽车发展政策。

2013 年 9 月，财政部等部门先后印发了《关于继续开展新能源汽车推广应用工作的通知》和《关于开展 1.6 升及以下节能环保汽车推广工作的通知》，前者要求 2013 年至 2015 年继续开展新能源汽车推广应用工作，决定对依托城市推广应用新能源汽车、消费者购买新能源汽车、示范城市充电设施建设给予补贴或奖励；后者决定从 2013 年 10 月 1 日起，实施 1.6 升及以下节能环保汽车（乘用车）推广政策。

5.5　中小微企业

2013 年，国家将支持中小微企业健康发展作为推动工业转型升级重要内容，将贯彻落实《国务院关于进一步支持小型微型企业健康发展的意见》作为工作重点，推动相关政策真正落地。

（1）促进劳动密集型中小企业健康发展。

2013 年 12 月，工业和信息化部等九部门联合印发《关于促进劳动密集型中小企业健康发展的指导意见》，要求充分发挥财税政策、产业政策引导作用，加强公共服务，改善发展环境，支持劳动密集型中小企业加快结构调整，提高管理水平，增强竞争能力，走可持续健康发展道路。这一意见提出要把轻工、纺织、机械、电子、批发和零售业、住宿和餐饮业、居民服务业、养老服务业以及现代服务业等行业中百万元固定资产就业人数 13 人以上（含 13 人）、人均年营业收入 45 万元以下（含 45 万元）的中小企业作为当前引导扶持重点，努力营造良好政策环境和社会氛围。在此基础上，要求做好促进劳动密集型中小企业健康发展的八项主要任务，即引导民间投资发展劳动密集型企业、切实降低企业税费负担、加大财政政策扶持力度、缓解融资困难、营造良好市场环境、促进企业集聚发展、加强公共服务和指导协调。

（2）减轻中小微企业负担。

2013 年 2 月，工业和信息化部下发《关于做好 2013 年减轻企业负担工作的通知》，要求以扶持小微企业为重点，把减负工作与经济运行、结构调整、职能转变等紧密结合，更加注重顶层设计，更加注重协调配合，更加注重长效机制，更加注重分类指导，在规范涉企收费、落实惠企政策、开展调查评估、加大宣传力度、完善督促检查等方面创新工作内容、整合多方资源、形成工作合力，进一步减轻企业负担，营造全社会关心支持小微企业发展的良好氛围。这一通知明确了 2013 年减轻企业负担工作的主要内容，包括推动惠企政策落实、继续规范涉企收费、建设负担调查体系、探索建立负担指数、加大政策宣传力度、完善减负工作机制、加快推进法制建设、加强重大问题研究等。

（3）进一步做好小微企业金融服务。

2013 年 8 月，国务院办公厅印发《关于金融支持小微企业发展的实施意见》提出，要加强小微企业金融服务，确保实现小微企业贷款增速和增量"两个不低于"目标，加快丰富和创新小微企业金融服务方式，着力强化对小微企业增信服务和信息服务，积极发展小型金融机构，大力拓展小微企业直接融资渠道，切实降低小微企业融资成本，加大对小微企业金融服务政策支持力度，全面营造良好的小微金融发展环境。2013 年 9 月，银监会印发《关于进一步做好小微企业金融服务工作的指导意见》，对进一步推进银行业小微企业金融服务工作提出了 14 项具体要求和意见。

（4）开展扶助小微企业专项行动。

2013 年 3 月，工业和信息化部下发《关于开展扶助小微企业专项行动的通知》，决定在 2013 年开展扶助小微企业专项行动。通知明确要求，开展扶助小微企业专项行动要以落实国发 14 号文件为重点，以"扶助小微、转型成长"为主题，继续实施《"十二五"中小企业成长规划》，完善公共服务体系，改善企业发展环境，重点培育创新型、创业型和劳动密集型（以下简称"三型"）小微企业，提高"专精特新"企业和产业集群的发展水平，促进小微企业加快转变发展方式，实现持续健康发展。开展扶助小微企业专项行动的主要目标是推动出台扶助小微企业发展的配套政策措施；培育一批"三型"小微企业；认定第三批 100 家国家中小企业公共服务示范平台；开通一批中小企业公共服务平台网络；支持 500 家以上担保（再担保）机构为小微企业提供担保服务；完成 50 万名企业经营管理人员、1000 名领军人才培训，建立针对中小企业服务的管理咨询专家库，提升小微企业管理水平；积极帮助企业开拓市场，为超过 2000 家境内外企业提供展示交流服务；建设企业负担情况网上直报系统，推动减轻企业负担政策落实。开展扶助小微企业专项行动的重点工作包括深入贯彻落实国发 14 号文件、推动"三型"（创新型、创业型、劳动密集型）小微企业发展、加快中小企业服务体系建设、进一步改善融资服务、深入推进减轻企业负担工作。

6 趋 势

6.1 面临形势

2013 年以来，全球经济形势有所回暖，工业发展呈扩张趋势，我国工业在"稳增长、调结构、促改革"主基调下，各种稳定经济增长的政策陆续推出，我国国民经济和工业经济总体保持平稳运行，但来自国内外各种不稳定、不确定的因素依然存在。从总体看，2014 年我国工业发展处于调整期，将面临市场增长乏力、要素供给趋紧的双重压力，一些结构性矛盾和潜在风险可能进一步凸显，同时也存在着政策效应释放、改革深入推进等有利因素。

全球经济呈回暖、工业发展呈扩张趋势。2013 年以来，全球经济增长势头有所提升，美国、日本经济持续增长，欧元区经济呈现复苏迹象，新兴经济体经济增长趋于稳定。据国际货币基金组织发布的最新版《世界经济展望报告》，2014 年全球经济增长率预计为 3.6%，较 2013 年略有提升。受新订单激增、工厂雇用人数增加等因素推动，全球制造业活动以逾两年来最快速度增长。全球制造业 PMI 指数仍将保持在 50 以上，连续 11 个月高于 50 的景气荣枯分界线，达到 2011 年 5 月以来最高水平，表明全球制造业扩张动能持续增强。各主要工业国家纷纷制定刺激以制造业为主的实体经济部门发展的政策，新能源、新材料、生物医药、低碳环保、新一代信息技术等产业在全球增速都得到提高。

我国工业经济下行压力增大。首先，投资拉动空间有限。固定资产投资占 GDP 比重自 2006 年以来连续七年超过 50%，这样的投资规模和增速难以持续，相应的工业固定资产投资增速也将有所下滑。其次，国内消费增长受政策影响较大，短期内难以有效带动工业增长。前几年一批刺激消费的优惠政策相继到期，家电、汽车等产品在没有新的刺激政策出台情况下难以保持快速增长，而房地产市场调控、汽车限购等政策还对相应工业品销售产生不利影响。最后，出口形势不容乐观。从国际环境看，主要出口国家贸易保护力度加强，各种非贸易壁垒层出不穷；从国内条件看，我国的劳动力成本优势不断削弱，很多外贸企业不得不进行转型升级或将市场转回国内。

6.2 行业发展趋势

6.2.1 原材料发展趋势

2013 年，原材料工业保持较快增长态势。技术进步与节能减排取得积极进展，发展趋势呈现以下特征：一是行业保持平稳较快增长。2013 年，钢铁、有色金属、石油加工、化学、建筑材料工业增加值增速分别为 9.9%、13.3%、6.1%、12.1% 和 9.3%。二是总体经济效益有所回升。2013 年，钢铁、石油加工、化学与建材工业销售利润率水平有所提升，有色金属行业销售利润率水平略有下降。三是部分行业固定资产增速仍然较快。2013 年，有色金属工业、石油与化学工业固定资产投资额比上年增长了 19.8%、19.5% 和 13.8%。钢铁工业固定资产投资增速则明显放缓，仅为 0.7%。四是出口保持较快增长。2013 年，我国钢材出口比上年增长 11.9%，有色金属产品出口额比上年增长 10.7%，石油与化工产品出口额比上年增长 5.0%，建材产品出口额比上年增长 21%。五是节能降耗与技术进步取得积极进展。2013 年，重点大中型钢铁企业吨钢综合能耗为 592 千克标煤/吨，同比下降 2%；铝锭综合交流电耗下降 104 千瓦时/吨；水泥行业袋除尘、烟气脱硝和协同处置等技术开始快速推广，平板玻璃行业全氧燃烧技术实现工程化应用，自主开发的无碱玻璃基板、碳纤维技术实现产业化。

6.2.2 机械装备工业发展趋势

伴随重化工业化发展阶段的深化，预计未来机械装备工业在较长时期呈现中速发展态势。在产业政策引导下，我国机械装备工业产品结构调整、产业组织结构优化、自主创新能力提升步伐将逐步加快。

（1）机械装备产品的需求总量有望维持中速平稳增长。

从经济发展阶段看，我国经济已经从高速增长期转入中低速增长期；新时期的潜在增长率已由"十五"、"十一五"期间持续十年的超高速增长下降到 7% 左右，机械装备工业增长速度相应将调整到 10%～15%。从经济增长周期看，我国目前仍未走出"4万亿"投资带来的高涨期后的紧缩阶段,近年来"去库存"有较明显进展,但"去产能、去泡沫"任务远未完成。伴随着重化工业化发展阶段的结束,机械装备工业总体将维持平稳较快增长态势。

(2)产品结构将进一步调整分化。

受下游市场需求结构变动影响,机械装备工业细分行业增长将出现分化和调整。对具体小行业而言,常规发电设备和输变电设备、冶金矿山设备、重型机械、普通机床等行业将继续处于需求低迷状态。高档机床、机器人及自动生产线需求将上扬。工程机械市场需求将有所回暖,由大起大落逐渐回归正常。汽车和农机产销增速将逐渐回落,但大型高端农机产品市场需求仍将较旺。

(3)数字化、智能化、网络化引领产业发展方向。

近年来,中国机械装备工业正在经历重要转变,企业生产向全球化采购、生产转变,制造工厂对质量、成本、效率以及安全的要求也在不断提高,这些转变将推动自动化技术的发展及应用进入新的发展阶段。目前国内一些机械装备制造企业开始大量引进自动化生产设备与技术,以智能化方式进行生产的概念正在觉醒并进入上升通道。其中自动化机器人的大量引进对于智能化以及行业发展都起到推动性和示范性作用,也大大促进我国机器人产业发展。相比前两年,我国机械装备工业近几年正在摆脱阴霾,逐渐走上高端、智能化发展快轨,为整个产业转型升级提供了动力支持。

(4)产业政策助推自主创新能力提升。

在产业政策积极引导下,未来,我国机械装备工业将以技术创新带动产业升级,走提升产业竞争力新路。在越来越多的高端主机设备实现国产化突破的同时,此前明显薄弱的关键零部件开始出现加速自主创新势头，液压系统、轴承、数控系统、特种专用材料等领域的引进消化吸收和原始创新能力将不断提升。企业将不断加大科技投入和加速技术开发中心建设，建立以主导产品为核心、自主知识产权为支撑的企业发展战略，促进技术升级，加速产品更新换代，培育自主品牌、创建世界名牌。在新一轮开放过程中，优势企业将积极利用合资经营、合作研发的技术溢出效益，在消化吸收基础上，开发具有自主知识产权的核心技术。

6.2.3 电子信息产业发展趋势

2014年，受国际、国内政治经济环境影响，我国电子信息制造业将继续维持低速发展，软件业保持高速增长但增速也会有所放缓。由于外需市场持续波动，产业出口增长将进一步放缓。同时，国内市场受需求规模有限及产业转型升级压力，产业投资增幅也十分有限。虽然产业总体已经告别高速增长时代，但是产业发展质量有望进一步提升。

（1）基础产业投资加快促进发展质量提升。

未来我国电子信息产业发展重点将集中于更加高、精、尖的电子材料和设备领域，集成电路等基础产业有望成为下一轮投资热点。2014年，我国有望出台促进集成电路产业发展的国家级支持政策，加大集成电路领域投资力度，并给予企业税收优惠政策，进一步推动集成电路全产业链的建设和完善。在集成电路、平板显示等资本技术密集型行业中，长时期、大批量投资是必不可少的，政策的出台有望加快社会资本进入基础产业。未来，在产业环境不断优化、新兴市场快速发展的带动下，我国集成电路产业将面临难得的发展机遇：一是自主芯片产品应用推广力度持续增强；二是资金投入有望不断加大；三是资本运作更加灵活；四是市场新兴热点不断涌现。随着基础产业的投资加大和技术发展，将带动整个电子信息产业发展质量的提升。

（2）信息消费将成为行业增长重要引擎。

随着新一代信息技术产业加快发展，信息消费将保持强劲增长势头，并带动移动智能终端产业发展，有望成为电子信息产业增长的新引擎。移动互联网的发展在拉动信息服务业快速增长的同时，也会加速通信设备制造产业的规模扩张和技术升级。作为信息消费的硬件基础，移动智能终端产业的快速发展，对信息消费的规模扩大和层次提升有重要支撑作用。2012年，我国信息消费市场规模为1.7万亿元，同比增长29%；其中，以智能手机、平板电脑、智能电视为主的智能终端市场规模为1万亿元，增长率达到61%。2013年，我国智能手机出货量占比超过70%，我国已经进入智能手机时代。据测算，4G标准的推广和应用，将促进我国智能手机产业维持20%~25%的高速增长。未来3年将是智能终端更新换代的高峰期，信息消费空间也将进一步增大，将推动我国两化融合逐步走向深入。

（3）新技术、新模式推动平台软件快速发展。

长期以来，平台软件核心技术缺乏一直是中国软件产业软肋，国外软件巨头过去几十年的积累在平台软件领域形成了独有的技术与市场壁垒，使作为跟随者的中国企业很难有更大作为。随着移动互联网、大数据、云计算、社交网络迅猛发展及其对各领域的加速渗透，软件支撑平台发展面临新的要求，基础软件支撑平台正在发生新的深刻变化，甚至是颠覆性变化。在这样的背景下，中国基础软件企业有机会透过需求演变、透过基础平台架构巅峰性变化的机会加速创新，在未来将赢得基础平台核心技术的新话语权。

（4）行业龙头企业国际竞争力将进一步提升。

近年来，全球电子信息产业兼并重组步伐不断加快，众多领域的寡头竞争格局逐渐形成。与此同时，我国政府积极鼓励有条件的骨干电子信息企业"走出去"，支持企业在境外设立分支机构、拓宽市场渠道、建立研发中心，与海外科技企业和研发机构开展多层次合作，增强国际竞争力。我国企业在各重要领域的兼并重组也在加快，行业龙头企业国际竞争力将逐步增强。2013 年，联想打败惠普成为世界第一大计算机生产商，中兴、华为、酷派、联想跻身全球智能手机出货量前十，清华紫光收购展讯和锐迪科成为集成电路龙头企业，光伏企业汉能控股通过并购美国及德国 3 家公司掌握前沿薄膜电池技术。预计2014 年，在国际寡头竞争格局加速形成带动下，在我国政府鼓励政策支持下，龙头企业"走出去"步伐将持续加快，国际竞争力会不断提升。

6.3　政策趋势

培育新需求增长点，保持工业平稳运行。优化工业产品供给，满足居民对大宗耐用消费品及新兴消费领域产品需求。实施工业产品质量品牌创新专项行动，提升食品药品质量安全保障能力，加大节能与新能源汽车、节能高效家电、新型电光源等推广力度。大力培育信息消费，支持 4G 加快发展，2014 年底前 4G 商用城市超过 300 个，用户超过 3000 万。落实"三网融合"推广阶段实施方案，加快将业务双向进入扩大至全国，力争 IPTV 用户数突破 3300 万。制定智慧城市建设标准，开展第二批信息消费试点市（县、区）建设和智慧城市试点。落实新版政府核准投资项目目录，认真履行核准职责，完善管理程序，依法加强监管。加强经济运行动态特别是产能过剩行业的监测分析，强化市场导向和服务企业意识，做好要素保障和政策协调，努力促进工业平稳运行。

加快结构调整，促进产业优化升级。以钢铁、电解铝、水泥、平板玻璃等行业为重点，提高并严格执行能耗、环保和安全等行业准入标准，推动建立化解产能严重过剩矛盾长效机制。加大淘汰落后产能工作力度，落实 2014 年淘汰落后产能任务。推动出台进一步鼓励企业兼并重组的意见，重点引导钢铁、水泥、船舶、光伏、婴幼儿配方乳粉等行业企业兼并重组。落实大气污染防治行动计划，提升京津冀及周边地区工业企业清洁生产水平，开展煤炭清洁利用技术研发攻关和示范，建设一批节水关键技术产业化示范工程。以航空、卫星及应用、轨道交通、海洋工程、智能制造等装备为重点，促进装备制造业向高端发展，提升基础配套能力及产品可靠性。研究制定推进产业合理有序转移实施意见，创建若干产业转移合作示范园区，提升新型工业化示范基地建设水平。

强化创新驱动，提升产业核心竞争力。优化企业创新政策环境，落实促进企业创新财税政策。继续开展国家技术创新示范企业认定，建设一批企业主导的产业创新联盟。实施工业强基工程，支持装备制造、电子信息等重点领域突破一批共性关键技术。培育发展战略性新兴产业等新兴业态，组织实施重大创新发展工程和应用示范工程，加强关键核心和共性技术攻关，推进科技成果产业化。在交通、公共安全等重点领域开展物联网应用示范，继续推进无锡示范区建设。加快重点领域标准制（修）订，编制印发综合标准化技术体系，提升国际标准制定话语权。推进军民融合深度发展，加快军工核心能力建设，拓宽军民技术信息交流渠道，推进军民用技术双向转移，促进军工与地方经济融合。

激发企业活力动力，加大小微企业扶持力度。针对当前企业发展中面临的负担重、融资难、行政干预多等问题，加强政策协调和公共服务，激发市场活力、企业创造力。切实减轻企业负担，推动实施全国统一的收费清单管理模式，将减负惠企各项政策落到实处。发挥国务院促进中小企业发展工作协调机制的作用，加大国发14号文件的落实力度，进一步优化小微企业政策环境。财政资金支持方向要从支持单个企业更多向购买公共服务、服务体系建设和创新融资等方面倾斜。完善细化中小企业划型标准。推动扩大小微企业所得税减半征收政策覆盖范围。着力缓解小微企业融资难问题，继续推进中小企业信用担保体系建设，引导金融资源向小微企业倾斜。加快中小企业公共服务平台网络建设，培育认定一批国家中小企业公共服务示范平台，促进中小企业向"专精特新"发展。

推进两化深度融合，提升信息产业支撑能力。两化融合着力点在于营造良好环境，确立标准标杆，汇聚政策资源，激发企业行业内在动力。发布两化融合管理体系基本要求和实施指南，完成国家标准立项，推动形成国际标准。在各省市和重点行业选择500家企业开展贯标试点，争取2014年200家以上试点企业基本达到标准要求，鼓励各地更广泛发动企业参与贯标达标。大力推进智能制造生产模式的集成应用，推动物联网在工业领域的集成创新和应用，发展网络制造新型生产方式。建设民爆、农药、国家化学品、稀土等重点领域智能监测监管体系。全面落实"宽带中国"战略，推进宽带网络基础设施建设，继续实施"核高基"新一代宽带无线移动通信网重大专项，增强信息产业核心竞争力。

提高互联网行业管理水平，维护网络与信息安全。抓好互联网基础资源和接入管理，加强对移动互联网等新业务管理。建立健全互联网基础资源管理系统，提高备案实名准确率。抓好互联网互联互通，推动完成7个新设骨干直联点建设，鼓励有条件的地区开展本地直联和区域互联试点，构建和完善网间通信质量监测体系。抓好互联网市场竞争秩序监管，加大对企业市场行为监管力度，强化服务质量监管，加强用户个人信息和消费者权益保护，坚决治理垃圾短信、霸王条款等突出问题。开展整治移动互联网应用淫秽色情信息专项行动。面对日趋严峻的网络与信息安全形势，要从战略、规划、政策和标准等方面多管齐下，建立完善自主可控的网络信息安全保障体系。强化网络与信息安全基础设施和技术手段体系化建设，深入推进电话用户的实名登记。开展网络安全防护和用户信息安全检查，加强重点频段和地区无线电监测和干扰查处。

附录1　工业发展指数构建

1. 理论基础

　　进入 21 世纪以来，工业结构调整和升级成为工业经济研究和政策焦点。工业发展过程中的产业结构、产业组织、产业竞争力、技术水平、创新能力和可持续发展等一系列问题被归类为工业结构问题。在研究层面上，一些经济学者提出中国工业"大国"的更高发展阶段是建设工业"强国"，以克服传统工业大国建设过程中突出的结构问题。另外一些学者则基于工业发展阶段的判断，提出了工业发展战略需要调整。在国家政策层面上，新型工业化道路、转变经济发展方式和贯彻落实科学发展观成为工业发展新导向。

　　在深入研究工业结构问题、经济基本国情变化与工业化阶段跃升基础之上，各界达成了一个较为明确的共识，即寄希望于建设工业强国来解决工业大国建设过程中所累积的问题与矛盾。这就使得工业强国理论具有问题导向和战略导向双重属性——既要直面当前工业发展中存在的突出矛盾，又要放眼未来机遇和挑战并存的工业发展。这集中体现于现阶段中国工业发展面临的突出问题，包括传统比较优势的减弱、可持续发展能力亟待提升、工业创新能力成长受制于工业创新体系、区域产业同构化影响工业发展效率的提高，以及就业和劳资冲突问题的升级。同时，转变发展方式、产业转型升级对工业经济发展提出了新的要求，都必然体现在工业强国的理论之中。

工业发展水平经典评估方法大多以单一维度（指标），主要有：①仅从工业发展速度评估工业发展，如采用工业增速或者工业增加值率等指标；②仅从规模动态变化评估工业发展，如采用工业总产值或者增加值等指标；③仅从结构动态演变评估工业发展，如采用产业结构比或者工业对 GDP 增长率的贡献率等指标。从理论基础上说，以上三种评估方法都与工业大国理论有着密切的理论联系，评估结果的有效性也受限于工业大国的理论逻辑。

本报告所构建的中国工业发展评估模型，在理论上力图体现工业强国理论内涵与要求，在方法上采用多维度评估指标体系，提高评估结果的效力。所以，本报告在评估方法上的创新，其实是评估理论创新的延续和应用实现。

2. 指标说明

如上文所述，依据工业强国理论的内涵和要求，本报告从生产效率、可持续发展水平、技术创新、国际竞争力和工业增长等五个维度构建工业发展指数。生产效率采用 Sequential – Malmquist – Luenberger 生产效率指数，可持续发展选用能源效率和"三废"处置利用指标，技术创新包括创新投入和创新产出两方面指标，国际竞争力采用国际贸易竞争力指数，工业增长则选用工业增加值增长率（见表 2 – 1 – 1）。其中，可持续发展水平、技术创新、国际竞争力和工业增长四个维度的指标均可通过统计数据计算而得，生产效率指标则需要另行计算。效率分析主要有三类方法：参数方法、非参数方法和指数法。其中使用较广的指数法有两种：全要素生产率（TFP）指数法和基于数据包络分析法（DEA）的曼奎斯特（Malmquist）指数方法①。基于 DEA 的 Malmquist 生产率指数及其分解是分析多投入—多产出决策单元生产率变动及相对效率的有效方法。

新时期工业发展核心是加速提高生产效率，而加速促进生产效率提升的关键是促进技术进步。为了更好地揭示中国工业生产效率特征，我们借鉴 Färe（1994，1997）提出的以产出为基础的 Malmquist 生产率变化指数方法，同时将最新改进引入生产效率指数计算当中。其中，Chung 等（1997）引入方向距离函数，在生产效率测算中开始引入环境污染之类的"坏产品"，发展成 Malmquist - Luenberger 生产效率指数。由于引入了"坏产品"，Malmquist - Luenberger 生产效率指数在一定程度上避免了 Malmquist 高估生产效率情况。而 Oh 和 Heshmati（2009）在Chung 等（1997）基础之上，进一步在构建技术前沿面时采用序贯生产可能性集合代替当期生产可能性集合，有效避免了技术退步情况，更符合现实技术变化规律，进而发展出 Sequential - Malmquist - Luenberger 生产效率指数，为本报告所采用。

如上，Sequential - Malmquist - Luenberger 生产效率指数的创新之处在于构建第 t 期的生产技术前沿面时，使用第 1 期至第 t 期生产集合的并集，即 $\overline{P}^t(x^t) = P^1(x^1) \cup P^2(x^2) \cup \cdots \cup P^t(x^t)$。其中，$P^s(x^s)$（s = 1，…，t），表示第 s 期的生产集合，$\overline{P}^t(x^t)$

① 前者反映的是所有投入要素的综合效率，并且要考虑生产率的周期因素和动态变化，后者可以纵向测度生产率进步，是经济中产业跨期生产率变化的一种常用研究方法。

表示第 t 期的序贯生产可能性集合。用 $\vec{D}(x, y, b; g_y, g_b) = \max\{\beta: y + \beta g_y, b - \beta g_b \in P(x)\}$ 表示方向距离函数,那么第 s 期的 Sequential – Malmquist – Luenberger 生产效率指数(SML)即为:

$$SML^s = \frac{1 + \vec{D}^s(x^t, y^t, b^t)}{1 + \vec{D}^s(x^{t+1}, y^{t+1}, b^{t+1})}$$

为了避免参照生产技术选择的任意性,在计算两个相邻时期生产效率时,使用 SML 指数的几何平均数,即:

$$SML^{t,t+1} = \left\{\frac{[1 + \vec{D}^t(x^t, y^t, b^t)]}{[1 + \vec{D}^t(x^{t+1}, y^{t+1}, b^{t+1})]} \frac{[1 + \vec{D}^{t+1}(x^t, y^t, b^t)]}{[1 + \vec{D}^{t+1}(x^{t+1}, y^{t+1}, b^{t+1})]}\right\}^{1/2}$$

进一步将 $SML^{t,t+1}$ 分解,可以得到:

$$SML^{t,t+1} = \frac{1 + \vec{D}^t(x^t, y^t, b^t)}{1 + \vec{D}^{t+1}(x^{t+1}, y^{t+1}, b^{t+1})}$$

$$\times \left[\frac{1 + \vec{D}^t(x^t, y^t, b^t)}{1 + \vec{D}^{t+1}(x^t, y^t, b^t)} \frac{1 + \vec{D}^{t+1}(x^{t+1}, y^{t+1}, b^{t+1})}{1 + \vec{D}^t(x^{t+1}, y^{t+1}, b^{t+1})}\right]^{1/2}$$

$$= EC^{t,t+1} \times TC^{t,t+1}$$

式中,EC、TC 分别表示技术效率变化指数和技术变化指数。如果 $EC^{t,t+1} > 1$,表示某个 DMU 朝着最佳实践移动,表现为该 DMU 的"追赶效应";如果 $TC^{t,t+1} > 1$,表示前沿技术移动,表现为最佳实践 DMU "创新效应"。

计算 Sequential – Malmquist – Luenberger 生产效率指数时,将每一个行业作为 DEA 分析的决策单元(DMU),故本分析包含 14 个 DMU。考虑数据的可得性和研究目标,选取了两个投入变量——按行业分国有及规模以上非国有工业企业固定资产净值年平均余额、按行业分国有及规模以上非国有工业企业平均从业人员数;三个产出变量,其中两个好产出变量——按行业分国有及规模以上非国有工业企业工业总产值、按行业分国有及规模以上非国有工业企业利润总额，一个坏产出变量——行业 SO_2 排放量，时间跨度为 2005～2009 年。

原始数据均来自国家统计局。其中，2010 年固定资产投资年平均净值余额数据，通过计算 2009 年和 2010 年固定资产净值的算术平均数求得。除从业人员数之外，其他数据均经过相应价格指数调整：固定资产年平均净值余额采用固定资产投资价格指数调整、利润总额和工业总产值采用工业产品出厂价格指数调整，且均以 2005 年为基期[①]。

3. 样本选择

本报告在生产效率分析和工业发展指数构建时，舍去采矿业和电力、燃气及水的生产和供应业两大工业门类分析，着重分析制造业发展水平。这样选择是因为如下三点理由：

第一，中国要实现从工业大国跃升为工业强国，相对于采矿业和电力、燃气及水的生产和供应业而言，更为重要的是制造业行业发展水平的提升。一方面是因为制造业已经成为中国工业主体，奠定了中国作为工业大国的基础；另一方面则是由于制造业的高端化代表了工业发展水平的进步，对于中国走新型工业化道路、从工业大国跃升为工业强国有着极其重要的意义。此外，制造业涵盖了现阶段中国重点发展的战略性新兴产业的主要产业，是未来中国经济保持持续增长、构建中国多元产业体系和提升国际竞争力的关键。

第二，采矿业行业的经济效益和产品价格容易出现剧烈波动，并且导致行业波动的并不一定（甚至不主要）是市场真实供求关系变动，极易受非经济因素的影响（如投机炒作和国际

---

① 按照 Malmquist 生产效率指数计算要求，对观测值中个别负值取 0 值处理。

矿产寡头的策略、政治稳定、恐怖活动、宏观调控、产业政策和自然灾害等因素），为准确评估采矿业的真实发展水平增加了难度。

第三，电力、燃气及水的生产和供应业在工业中比重较小，且具有公共事业属性，市场化程度较低，并且主要面向国内市场。

课题组选择了 14 个制造业样本行业，从中国现行国民经济行业分类（GB/T 4754－2002）中选择了 16 个行业，包括：①食品加工业，②食品制造业，③饮料制造业，④纺织业，⑤服装及其他纤维制品制造业，⑥石油加工及炼焦业，⑦化学原料及化学制品制造业，⑧医药制造业，⑨非金属矿物制品工业，⑩黑色金属冶炼及压延加工业，⑪有色金属冶炼及压延加工业，⑫普通机械制造业，⑬专用设备制造业，⑭交通运输设备制造业，⑮电气机械及器材制造业，⑯通信设备、计算机及其他电子设备制造业 16 个行业进行分析。其中，考虑行业特征具有较强的相似性，农副食品加工业、食品制造业和饮料制造业三个行业合并成为一个行业进行分析，称为"食品工业"，最终得到 14 个样本。

可见，构建工业发展指数样本涵盖了食品工业、纺织业、服装及其他纤维制品制造业、医药制造业等主要消费品工业，石油加工、化学原材料及化学制品制造业、非金属矿物制品、黑色金属冶炼及压延加工业、有色金属冶炼及压延加工业等原材料工业，以及通用装备制造业、专用设备制造业、交通运输设备制造业、电气机械及器材制造业、电子及通信设备制造业等机械电子类装备制造工业。因此，本报告构建的工业发展指数，能够较充分代表中国工业发展水平。

4. 数据预处理

对缺失值的处理。2005 年工业增加值增长率数据缺失，采用 2005 年工业总产值增长率做近似替代。

无量纲化处理。构建发展指数之前，需要对指标进行无量纲化处理，以消除指标不同量纲带来的不可公度性，提高发展指数结果的准确性[①]。课题组采用正规化法对原始数据进行无量纲化处理，计算公式为：［X－MIN（数据向量）]/[MAX（数据向量）－MIN（数据向量）] 进行无量纲化处理，X 表示各年各行业在各维度上的值，数据向量是指各维度所有年份所有行业上的值。

指数化处理。对无量纲化处理后的指标分别进行了两种指数化处理：一是以 2005 年为基期计算的定基指数，二是计算历年环比指数，用于计算工业和行业的定基和环比发展指数。对于包含多个二级指标的维度，计算二级指标指数的简单平均数作为维度指数。

5. 权重选择与检验

计算行业发展指数时，本报告采用德尔菲法确定五个维度的权重。共有来自中国社会科学院、中国科学院、国务院发展研究中心、国家发改委宏观经济研究院和中国人民大学等机构长期从事产业经济研究的 13 位专家参与了打分。专家按照工业强国理论要求，对五个维度的重要性进行了排序。五个维度中，排序最高得 5 分，最低得 1 分，通过维度得分确定其权重。

---

① 无量纲化处理主要方法有标准化法、正规化法和均值化法，其中，前两种方法较为常用。标准化处理后的样本观测值服从均值为 0、方差为 1 的标准正态分布，处理后的观测值在（－1，1）范围之内；正交化处理后的样本观测值取值范围在（0，1）之间。

为了验证主观权重法计算的指数是否稳健，课题组还采用了因子分析法计算工业发展指数。通过比较发现，主观权重法和客观权重法计算的结果具有较高的一致性，表明本报告给出的工业发展指数计算结果稳健。

附录2　工业行业发展指数

附表1　工业行业发展指数（定基）

年份	工业行业	效率	创新	绿色发展	效益	国际竞争力	行业综合
2005	食品饮料	100.0	100.0	100.0	100.0	100.0	100.0
	纺织业	100.0	100.0	100.0	100.0	100.0	100.0
	纺织服装、鞋、帽	100.0	100.0	100.0	100.0	100.0	100.0
	石油加工、炼焦及核燃料	100.0	100.0	100.0	100.0	100.0	100.0
	化学原料及化学制品	100.0	100.0	100.0	100.0	100.0	100.0
	医药	100.0	100.0	100.0	100.0	100.0	100.0
	非金属矿物制品	100.0	100.0	100.0	100.0	100.0	100.0
	黑色金属冶炼及压延	100.0	100.0	100.0	100.0	100.0	100.0
	有色金属冶炼及压延	100.0	100.0	100.0	100.0	100.0	100.0
	通用设备	100.0	100.0	100.0	100.0	100.0	100.0
	专用设备	100.0	100.0	100.0	100.0	100.0	100.0
	交通运输设备	100.0	100.0	100.0	100.0	100.0	100.0
	电气机械及器材	100.0	100.0	100.0	100.0	100.0	100.0
	通信设备、计算机及其他	100.0	100.0	100.0	100.0	100.0	100.0
2006	食品饮料	118.3	120.3	118.9	129.8	101.1	117.4
	纺织业	108.6	94.1	102.9	130.5	104.6	106.4
	纺织服装、鞋、帽	106.3	66.7	96.3	172.3	100.5	106.3
	石油加工、炼焦及核燃料	100.0	116.2	130.9	32.8	60.1	86.0

年份	工业行业	效率	创新	绿色发展	效益	国际竞争力	行业综合
2006	化学原料及化学制品	104.5	101.1	170.4	114.0	121.8	125.0
	医药	101.3	114.8	116.8	64.7	99.4	103.0
	非金属矿物制品	110.7	96.3	151.0	0.0	103.8	118.2
	黑色金属冶炼及压延	104.5	108.0	145.4	85.0	193.6	129.1
	有色金属冶炼及压延	118.2	109.0	153.8	90.4	159.6	129.4
	通用设备	114.3	102.2	138.4	270.4	120.7	154.5
	专用设备	130.3	113.6	131.2	241.9	200.3	161.2
	交通运输设备	132.0	109.8	121.2	195.7	97.9	137.4
	电气机械及器材	126.2	100.3	137.9	100.9	102.4	114.5
	通信设备、计算机及其他	107.0	99.7	100.9	102.3	101.8	102.4
2007	食品饮料	124.9	129.7	132.7	136.5	103.5	125.0
	纺织业	107.7	106.4	116.1	145.8	108.3	114.5
	纺织服装、鞋、帽	101.8	87.9	114.9	172.3	100.7	113.3
	石油加工、炼焦及核燃料	102.0	96.0	167.8	53.0	52.5	97.9
	化学原料及化学制品	124.4	122.2	225.5	118.1	155.3	150.5
	医药	137.8	121.7	136.6	76.4	91.2	117.8
	非金属矿物制品	115.4	99.3	218.5	0.0	106.9	141.0
	黑色金属冶炼及压延	119.8	118.3	164.9	91.7	236.3	148.4
	有色金属冶炼及压延	107.9	98.6	224.2	73.1	92.1	128.1
	通用设备	120.3	106.0	178.5	291.5	149.9	171.2
	专用设备	138.9	125.0	177.9	241.9	515.1	204.7
	交通运输设备	132.8	112.9	154.5	215.4	113.4	149.8
	电气机械及器材	114.9	102.5	160.9	126.0	107.2	120.9
	通信设备、计算机及其他	106.6	110.8	103.1	94.5	104.9	105.8
2008	食品饮料	89.4	133.7	139.6	117.7	118.1	117.7
	纺织业	93.5	118.8	121.5	110.9	114.3	111.8
	纺织服装、鞋、帽	94.8	71.2	126.1	141.9	100.3	107.5
	石油加工、炼焦及核燃料	108.4	96.7	176.8	30.0	61.5	95.5
	化学原料及化学制品	95.8	123.1	267.5	72.7	209.2	147.2
	医药	114.7	133.0	137.5	72.9	88.7	114.1
	非金属矿物制品	99.9	110.7	286.7	0.0	113.4	160.6
	黑色金属冶炼及压延	88.7	116.9	203.7	49.9	260.4	149.4
	有色金属冶炼及压延	76.0	102.0	304.4	57.3	120.8	144.1

年份	工业行业	效率	创新	绿色发展	效益	国际竞争力	行业综合
2008	通用设备	90.9	106.8	190.7	224.6	159.9	150.2
	专用设备	77.0	131.6	208.8	232.8	588.0	200.5
	交通运输设备	77.8	110.9	147.8	145.3	126.9	118.4
	电气机械及器材	85.4	113.6	169.8	111.3	111.3	117.3
	通信设备、计算机及其他	104.0	122.0	113.7	72.4	110.4	108.9
2009	食品饮料	94.6	107.7	194.4	112.9	156.1	130.7
	纺织业	102.6	121.7	149.2	98.7	114.1	116.6
	纺织服装、鞋、帽	110.0	83.4	153.5	123.6	100.6	116.6
	石油加工、炼焦及核燃料	98.0	50.5	249.3	32.3	72.8	106.5
	化学原料及化学制品	88.6	100.7	470.2	91.7	159.4	193.8
	医药	88.5	114.2	182.8	66.1	79.1	109.4
	非金属矿物制品	103.5	99.6	438.6	0.0	112.2	204.4
	黑色金属冶炼及压延	81.2	81.2	357.0	55.3	145.4	158.6
	有色金属冶炼及压延	95.2	74.6	384.9	58.7	0.0	142.0
	通用设备	93.9	98.3	241.5	170.5	145.0	141.4
	专用设备	82.3	119.0	238.9	170.7	566.2	185.5
	交通运输设备	98.9	99.7	198.1	165.7	115.0	132.3
	电气机械及器材	100.2	109.4	228.1	84.9	107.3	127.6
	通信设备、计算机及其他	104.9	113.7	130.6	47.6	109.4	106.6
2010	食品饮料	123.6	50.6	269.0	113.2	62.6	121.8
	纺织业	92.0	47.2	160.9	117.6	116.5	101.1
	纺织服装、鞋、帽	72.6	17.3	176.1	159.6	100.3	110.1
	石油加工、炼焦及核燃料	92.3	27.4	230.4	43.4	74.3	100.6
	化学原料及化学制品	122.1	53.2	448.9	95.4	170.9	190.3
	医药	90.5	49.2	201.5	67.3	85.0	98.6
	非金属矿物制品	102.0	33.2	537.2	0.0	107.3	216.1
	黑色金属冶炼及压延	109.5	68.8	333.2	60.7	190.7	166.0
	有色金属冶炼及压延	121.8	56.2	319.6	59.9	9.0	130.4
	通用设备	90.8	51.3	284.4	268.6	140.5	159.4
	专用设备	101.2	66.2	295.6	233.6	505.5	195.1
	交通运输设备	111.4	45.7	236.4	191.2	107.9	133.3
	电气机械及器材	99.7	62.0	211.2	113.9	109.0	116.5
	通信设备、计算机及其他	114.6	77.2	173.3	90.5	88.8	104.6

年份	工业行业	效率	创新	绿色发展	效益	国际竞争力	行业综合
2011	食品饮料	85.9	59.7	291.1	122.1	113.9	130.0
	纺织业	111.2	58.0	197.2	97.4	114.2	109.5
	纺织服装、鞋、帽	97.0	22.0	169.8	163.8	99.8	114.7
	石油加工、炼焦及核燃料	100.0	36.0	107.4	38.3	103.9	74.1
	化学原料及化学制品	124.2	70.1	414.8	92.1	400.1	206.7
	医药	103.4	75.6	249.9	75.3	149.4	130.6
	非金属矿物制品	119.8	46.5	613.9	0.0	77.9	243.4
	黑色金属冶炼及压延	112.2	53.9	88.2	54.7	120.0	89.0
	有色金属冶炼及压延	126.3	44.9	153.0	61.0	0.0	86.1
	通用设备	114.5	56.7	313.7	229.1	135.7	160.7
	专用设备	108.2	77.8	408.6	227.0	547.8	219.3
	交通运输设备	91.7	56.4	292.0	124.9	137.7	125.8
	电气机械及器材	106.0	84.0	240.8	95.7	125.6	130.4
	通信设备、计算机及其他	98.8	98.3	171.1	86.8	128.8	114.3
2012	食品饮料	90.2	69.5	309.7	78.3	92.3	124.1
	纺织业	124.4	74.7	234.8	93.0	45.9	104.2
	纺织服装、鞋、帽	164.1	90.6	228.1	60.7	33.1	120.8
	石油加工、炼焦及核燃料	100.8	72.7	305.0	106.9	160.2	155.4
	化学原料及化学制品	85.5	110.6	404.9	69.9	290.8	185.0
	医药	98.5	106.9	274.6	100.9	65.0	130.1
	非金属矿物制品	92.1	90.5	259.0	65.7	113.9	145.1
	黑色金属冶炼及压延	131.5	149.2	75.1	63.6	152.1	116.5
	有色金属冶炼及压延	80.6	45.5	174.3	66.2	296.6	134.2
	通用设备	123.0	91.0	360.8	54.2	188.7	140.0
	专用设备	102.3	107.1	483.8	56.5	302.1	169.3
	交通运输设备	89.7	79.2	316.6	45.9	122.2	113.4
	电气机械及器材	95.7	126.9	266.4	74.2	80.6	131.7
	通信设备、计算机及其他	82.1	133.4	213.0	71.1	78.7	115.3

年份	工业行业	效率	创新	绿色发展	效益	国际竞争力	行业综合
2005	食品饮料	100.0	100.0	100.0	100.0	100.0	100.0
	纺织业	100.0	100.0	100.0	100.0	100.0	100.0
	纺织服装、鞋、帽	100.0	100.0	100.0	100.0	100.0	100.0
	石油加工、炼焦及核燃料	100.0	100.0	100.0	100.0	100.0	100.0
	化学原料及化学制品	100.0	100.0	100.0	100.0	100.0	100.0
	医药	100.0	100.0	100.0	100.0	100.0	100.0
	非金属矿物制品	100.0	100.0	100.0	100.0	100.0	100.0
	黑色金属冶炼及压延	100.0	100.0	100.0	100.0	100.0	100.0
	有色金属冶炼及压延	100.0	100.0	100.0	100.0	100.0	100.0
	通用设备	100.0	100.0	100.0	100.0	100.0	100.0
	专用设备	100.0	100.0	100.0	100.0	100.0	100.0
	交通运输设备	100.0	100.0	100.0	100.0	100.0	100.0
	电气机械及器材	100.0	100.0	100.0	100.0	100.0	100.0
	通信设备、计算机及其他	100.0	100.0	100.0	100.0	100.0	100.0
2006	食品饮料	118.3	120.3	118.9	129.8	101.1	117.4
	纺织业	108.6	94.1	102.9	130.5	104.6	106.4
	纺织服装、鞋、帽	106.3	66.7	96.3	172.3	100.5	106.3
	石油加工、炼焦及核燃料	100.0	116.2	130.9	32.8	60.1	86.0
	化学原料及化学制品	104.5	101.1	170.4	114.0	121.8	125.0
	医药	101.3	114.8	116.8	64.7	99.4	103.0
	非金属矿物制品	110.7	96.3	151.0	0.0	103.8	118.2
	黑色金属冶炼及压延	104.5	108.0	145.4	85.0	193.6	129.1
	有色金属冶炼及压延	118.2	109.0	153.8	90.4	159.6	129.4
	通用设备	114.3	102.2	138.4	270.4	120.7	154.5
	专用设备	130.3	113.6	131.2	241.9	200.3	161.2
	交通运输设备	132.0	109.8	121.2	195.7	97.9	137.4
	电气机械及器材	126.2	100.3	137.9	100.9	102.4	114.5
	通信设备、计算机及其他	107.0	99.7	100.9	102.3	101.8	102.4

年份	工业行业	效率	创新	绿色发展	效益	国际竞争力	行业综合
2007	食品饮料	105.6	107.9	111.6	105.2	102.4	106.4
	纺织业	99.2	113.0	112.8	111.7	103.5	107.7
	纺织服装、鞋、帽	95.8	131.8	119.4	100.0	100.1	108.8
	石油加工、炼焦及核燃料	102.0	82.6	128.2	161.5	87.4	122.0
	化学原料及化学制品	119.1	120.9	132.3	103.6	127.5	118.9
	医药	136.0	106.0	117.0	118.2	91.7	114.6
	非金属矿物制品	104.2	103.1	144.6	112.9	103.1	115.9
	黑色金属冶炼及压延	114.7	109.6	113.4	107.8	122.1	113.8
	有色金属冶炼及压延	91.4	90.4	145.8	80.9	57.7	97.5
	通用设备	105.3	103.7	129.0	107.8	124.2	111.0
	专用设备	106.6	110.0	135.5	100.0	257.2	125.2
	交通运输设备	100.6	102.8	127.4	110.1	115.8	109.1
	电气机械及器材	91.0	102.2	116.7	124.9	104.7	105.6
	通信设备、计算机及其他	99.6	111.1	102.1	92.4	103.0	103.4
2008	食品饮料	84.7	103.1	105.2	86.2	114.0	98.0
	纺织业	94.2	111.6	104.6	76.1	105.6	100.2
	纺织服装、鞋、帽	99.0	81.0	109.7	82.4	99.7	96.6
	石油加工、炼焦及核燃料	106.3	100.8	105.4	56.7	117.0	91.4
	化学原料及化学制品	80.5	100.7	118.6	61.5	134.7	92.8
	医药	84.3	109.3	100.7	95.4	97.2	97.5
	非金属矿物制品	95.8	111.4	131.2	75.9	106.1	111.9
	黑色金属冶炼及压延	77.4	98.9	123.5	54.5	110.2	96.4
	有色金属冶炼及压延	83.2	103.5	135.7	78.3	131.1	108.4
	通用设备	86.4	100.8	106.8	77.0	106.7	92.8
	专用设备	72.2	105.3	117.4	96.2	114.1	97.5
	交通运输设备	77.3	98.2	95.7	67.5	112.0	86.3
	电气机械及器材	93.8	110.9	105.5	88.3	103.8	101.6
	通信设备、计算机及其他	104.4	110.0	110.2	76.6	105.3	104.4

年份	工业行业	效率	创新	绿色发展	效益	国际竞争力	行业综合
2009	食品饮料	111.7	80.6	139.2	95.9	132.2	112.0
	纺织业	108.9	102.4	122.8	89.0	99.8	104.1
	纺织服装、鞋、帽	111.1	117.1	121.8	87.1	100.2	108.3
	石油加工、炼焦及核燃料	92.3	52.2	141.0	107.6	118.5	105.6
	化学原料及化学制品	110.1	81.8	175.8	126.1	76.2	123.7
	医药	104.9	85.8	133.0	90.7	89.2	101.2
	非金属矿物制品	108.1	90.0	153.0	91.0	99.0	115.7
	黑色金属冶炼及压延	104.9	69.4	175.3	110.8	55.9	107.3
	有色金属冶炼及压延	114.5	73.1	126.5	102.5	0.0	87.2
	通用设备	108.6	92.0	126.6	75.9	90.6	97.2
	专用设备	114.0	90.4	114.4	73.3	96.3	96.2
	交通运输设备	127.9	89.9	134.0	114.0	90.6	112.1
	电气机械及器材	106.8	96.3	134.4	76.3	96.4	104.0
	通信设备、计算机及其他	100.5	93.2	114.9	65.8	99.1	96.7
2010	食品饮料	110.7	47.0	138.4	100.3	40.1	87.6
	纺织业	84.5	38.8	107.8	119.3	102.1	86.2
	纺织服装、鞋、帽	65.4	20.7	114.7	129.1	99.7	89.2
	石油加工、炼焦及核燃料	100.0	54.3	92.4	134.4	102.0	101.8
	化学原料及化学制品	110.9	52.8	95.5	104.1	107.2	95.9
	医药	86.2	43.0	110.2	101.8	107.5	85.9
	非金属矿物制品	94.4	33.3	122.5	125.1	95.6	87.7
	黑色金属冶炼及压延	104.3	84.7	93.3	109.7	131.1	103.1
	有色金属冶炼及压延	106.4	75.3	83.0	102.0	0.0	74.6
	通用设备	83.6	52.2	117.8	157.5	96.9	100.7
	专用设备	88.8	55.6	123.7	136.9	89.3	97.8
	交通运输设备	87.1	45.8	119.3	115.4	93.9	89.4
	电气机械及器材	93.3	56.7	92.6	134.2	101.6	90.9
	通信设备、计算机及其他	114.1	67.9	132.7	189.9	81.2	104.0

年份	工业行业	效率	创新	绿色发展	效益	国际竞争力	行业综合
2011	食品饮料	77.6	117.8	108.2	107.9	181.9	117.1
	纺织业	131.5	122.8	122.6	82.8	98.0	112.3
	纺织服装、鞋、帽	148.4	127.1	96.5	0.0	99.5	97.7
	石油加工、炼焦及核燃料	100.0	131.3	46.6	88.4	139.8	91.8
	化学原料及化学制品	112.0	131.9	92.4	96.5	234.1	117.6
	医药	119.8	153.8	124.0	111.8	175.8	138.3
	非金属矿物制品	126.9	140.3	114.3	93.2	72.6	118.3
	黑色金属冶炼及压延	107.6	78.3	26.5	90.1	62.9	71.3
	有色金属冶炼及压延	118.8	79.9	47.9	101.9	275.3	119.4
	通用设备	136.9	110.5	110.3	85.3	96.5	109.4
	专用设备	121.8	117.6	138.2	97.2	108.4	115.7
	交通运输设备	105.3	123.6	123.5	65.3	127.6	104.8
	电气机械及器材	113.5	135.5	114.0	84.0	115.3	115.7
	通信设备、计算机及其他	86.6	127.3	98.7	95.9	145.1	113.3
2012	食品饮料	116.2	140.2	126.5	83.3	81.0	109.6
	纺织业	94.6	121.3	122.5	124.5	40.2	96.4
	纺织服装、鞋、帽	110.6	275.2	129.4	63.8	33.2	113.6
	石油加工、炼焦及核燃料	100.8	234.6	371.7	91.4	154.3	191.1
	化学原料及化学制品	76.4	159.5	166.3	86.5	72.7	114.0
	医药	82.2	162.2	128.3	86.7	43.5	105.0
	非金属矿物制品	72.6	187.4	63.7	72.3	146.2	109.7
	黑色金属冶炼及压延	122.2	299.2	123.8	98.8	126.8	156.0
	有色金属冶炼及压延	67.9	110.6	175.3	98.1	119.3	116.1
	通用设备	89.8	163.9	159.1	64.0	139.1	117.2
	专用设备	84.0	156.5	155.3	60.2	55.1	104.0
	交通运输设备	85.2	154.1	131.4	71.9	88.7	106.4
	电气机械及器材	84.3	151.5	152.5	78.3	64.2	109.3
	通信设备、计算机及其他	94.8	135.4	125.7	83.8	61.1	103.8

附表 3 分维度指数（定基）

年份	效率维度	创新维度	可持续发展维度	效益维度	国际竞争力维度
2005	100.0	100.0	100.0	100.0	100.0
2006	112.9	104.8	129.9	119.7	118.8
2007	117.6	111.4	160.7	128.0	139.1
2008	91.8	115.7	184.2	97.3	159.7
2009	95.6	99.0	262.7	91.2	137.1
2010	107.7	53.5	283.2	114.3	125.7
2011	106.3	62.7	265.5	100.0	158.7
2012	100.0	99.2	274.3	70.3	124.6

附表 4 分维度指数（环比）

年份	效率维度	创新维度	可持续发展维度	效益维度	国际竞争力维度
2005	100.0	100.0	100.0	100.0	100.0
2006	112.9	104.8	129.9	119.7	118.8
2007	104.2	106.6	121.6	108.6	111.6
2008	88.3	103.7	112.3	73.8	112.4
2009	109.3	85.4	139.6	94.7	90.0
2010	98.8	54.9	111.9	126.3	87.8
2011	109.2	119.1	94.7	89.2	140.2
2012	93.2	172.8	149.0	83.8	91.1

附表 5 分行业工业发展主要指标（2005 年）

工业行业	SML生产效率指数	专利申请数（项）	R&D人员占从业人员比重（%）	R&D经费占产品销售收入比重（%）	新产品销售收入占比（%）	工业能源效率（万元/吨标准煤）	废水排放产出强度（万元/吨）	废气排放产出强度（万元/吨）	工业总产值增长率（%）	贸易竞争力指数
食品饮料	1.000	1894	2.63	0.43	5.63	4.3	0.0843	484.57	12.30	0.217
纺织业	1.000	1297	2.30	0.50	9.80	2.5	0.0732	425.97	8.72	0.495

工业行业	SML生产效率指数	专利申请数（项）	R&D人员占从业人员比重（%）	R&D经费占产品销售收入比重（%）	新产品销售收入占比（%）	工业能源效率（万元/吨标准煤）	废水排放产出强度（万元/吨）	废气排放产出强度（万元/吨）	工业总产值增长率（%）	贸易竞争力指数
纺织服装、鞋、帽	1.000	487	1.10	0.40	9.90	9.1	0.5427	3323.07	6.56	0.960
石油加工、炼焦及核燃料	1.000	411	4.10	0.10	4.20	1.0	0.1488	142.96	32.04	-0.097
化学原料及化学制品	1.000	2155	6.00	0.90	11.00	0.7	0.0445	129.09	16.62	-0.363
医药	1.000	2708	7.00	1.50	17.90	3.8	0.1045	653.67	26.28	0.280
非金属矿物制品	1.000	1482	3.00	0.60	8.10	1.1	0.1894	51.24	-7.60	0.321
黑色金属冶炼及压延	1.000	1143	5.90	0.70	12.40	0.2	0.1207	144.21	24.04	-0.150
有色金属冶炼及压延	1.000	1088	5.50	0.80	13.20	1.5	0.2107	100.52	27.13	-0.343
通用设备	1.000	3484	8.10	1.30	26.70	3.1	0.6659	1895.05	3.31	-0.122
专用设备	1.000	2880	6.80	1.60	23.90	12.6	0.5279	1811.46	4.47	-0.409
交通运输设备	1.000	6251	8.90	1.40	36.50	7.1	0.6445	3875.52	8.09	0.036
电气机械及器材	1.000	9528	5.70	1.40	29.40	22.7	1.6614	4988.98	15.49	0.325
通信设备、计算机及其他	1.000	12838	6.70	1.20	25.10	6.9	1.5111	16662.17	19.48	0.139

资料来源：国家统计局。

附表6 分行业工业发展主要指标（2006 年）

工业行业	SML生产效率指数	专利申请数（项）	R&D人员占从业人员比重（%）	R&D经费占产品销售收入比重（%）	新产品销售收入占比（%）	工业能源效率（万元/吨标准煤）	废水排放产出强度（万元/吨）	废气排放产出强度（万元/吨）	工业总产值增长率（%）	贸易竞争力指数
食品饮料	1.183	2566	2.90	0.50	7.40	6.2	0.1092	543.65	18.23	0.226
纺织业	1.086	1968	2.20	0.40	9.40	3.1	0.0747	487.75	13.70	0.542

中国产业发展和产业政策报告（2013～2014）

工业行业	SML生产效率指数	专利申请数（项）	R&D人员占从业人员比重（%）	R&D经费占产品销售收入比重（%）	新产品销售收入占比（%）	工业能源效率（万元/吨标准煤）	废水排放产出强度（万元/吨）	废气排放产出强度（万元/吨）	工业总产值增长率（%）	贸易竞争力指数
纺织服装、鞋、帽	1.063	355	0.90	0.30	6.50	11.5	0.4395	2863.93	16.80	0.968
石油加工、炼焦及核燃料	1.000	242	4.80	0.10	4.50	1.4	0.1800	191.35	5.40	-0.267
化学原料及化学制品	1.045	2508	6.30	0.80	10.70	1.0	0.0597	179.97	20.00	-0.328
医药	1.013	2383	8.20	1.80	19.10	5.2	0.1167	686.98	14.31	0.275
非金属矿物制品	1.107	1825	3.00	0.50	7.80	1.6	0.2642	60.94	21.00	0.353
黑色金属冶炼及压延	1.045	1837	6.20	0.80	13.30	0.4	0.1663	174.51	19.30	0.200
有色金属冶炼及压延	1.182	1509	6.30	0.70	13.90	2.0	0.3177	149.70	23.80	-0.234
通用设备	1.143	4390	8.20	1.50	25.80	4.3	1.0778	2500.88	21.90	-0.038
专用设备	1.303	3418	8.40	1.70	24.50	19.0	0.6729	3366.46	21.60	-0.293
交通运输设备	1.320	8273	9.40	1.40	41.90	10.6	0.7851	5175.03	23.10	0.024
电气机械及器材	1.262	8775	6.30	1.50	26.40	27.9	2.0226	16663.93	15.70	0.345
通信设备、计算机及其他	1.070	19886	6.10	1.20	24.10	8.0	1.4112	18742.09	20.10	0.151

资料来源：国家统计局。

附表7 分行业工业发展主要指标（2007年）

工业行业	SML生产效率指数	专利申请数（项）	R&D人员占从业人员比重（%）	R&D经费占产品销售收入比重（%）	新产品销售收入占比（%）	工业能源效率（万元/吨标准煤）	废水排放产出强度（万元/吨）	废气排放产出强度（万元/吨）	工业总产值增长率（%）	贸易竞争力指数
食品饮料	1.249	2379	3.10	0.50	8.40	5.8	0.1003	620.86	19.57	0.243
纺织业	1.077	4663	2.30	0.50	9.50	2.8	0.0777	634.32	16.20	0.579
纺织服装、鞋、帽	1.018	546	1.20	0.30	8.30	10.6	0.4904	5731.76	16.80	0.970

工业行业	SML生产效率指数	专利申请数（项）	R&D人员占从业人员比重（%）	R&D经费占产品销售收入占比重（%）	新产品销售收入占比率（%）	工业能源效率（万元/吨标准煤）	废水排放产出强度（万元/吨）	废气排放产出强度（万元/吨）	工业总产值增长率（%）	贸易竞争力指数
石油加工、炼焦及核燃料	1.020	204	3.70	0.10	5.30	1.3	0.2189	244.64	13.40	-0.300
化学原料及化学制品	1.244	2870	7.50	1.00	12.70	0.9	0.0750	217.81	21.00	-0.274
医药	1.378	3056	8.90	1.80	19.70	5.1	0.1368	750.34	18.30	0.209
非金属矿物制品	1.154	2178	3.10	0.50	7.90	1.6	0.3592	79.20	24.70	0.380
黑色金属冶炼及压延	1.198	2787	6.90	0.80	14.00	0.4	0.1875	181.04	21.40	0.360
有色金属冶炼及压延	1.079	2062	5.90	0.60	11.80	1.6	0.4687	218.08	17.80	-0.357
通用设备	1.203	5538	8.50	1.50	26.60	3.9	1.4053	4258.46	24.20	0.079
专用设备	1.389	4877	9.00	2.00	26.20	17.7	1.0411	3930.75	21.60	0.071
交通运输设备	1.328	11668	9.90	1.40	40.60	9.5	1.1583	6228.94	26.20	0.111
电气机械及器材	1.149	12215	6.50	1.40	26.00	23.9	2.5186	17732.76	21.50	0.386
通信设备、计算机及其他	1.066	27894	6.70	1.20	24.90	8.6	1.2789	23530.06	18.00	0.171

资料来源：国家统计局。

附表8 分行业工业发展主要指标（2008年）

工业行业	SML生产效率指数	专利申请数（项）	R&D人员占从业人员比重（%）	R&D经费占产品销售收入占比重（%）	新产品销售收入占比率（%）	工业能源效率（万元/吨标准煤）	废水排放产出强度（万元/吨）	废气排放产出强度（万元/吨）	工业总产值增长率（%）	贸易竞争力指数
食品饮料	1.058	5744	3.20	0.50	8.40	6.1	0.1111	775.12	15.83	0.351
纺织业	1.014	6388	2.40	0.60	10.50	2.9	0.0806	703.74	10.50	0.641

续表

工业行业	SML 生产效率指数	专利申请数（项）	R&D 人员占从业人员比重（%）	R&D 经费占产品销售收入比重（%）	新产品销售收入占比（%）	工业能源效率（万元/吨标准煤）	废水排放产出强度（万元/吨）	废气排放产出强度（万元/吨）	工业总产值增长率（%）	贸易竞争力指数
纺织服装、鞋、帽	1.008	558	1.00	0.30	6.60	11.5	0.5340	6813.69	12.50	0.965
石油加工、炼焦及核燃料	1.084	5743	3.90	0.10	4.50	1.5	0.2350	263.36	4.30	-0.262
化学原料及化学制品	1.001	5767	7.40	1.00	13.00	1.0	0.0891	259.78	10.00	-0.188
医药	1.162	5192	10.20	1.70	20.90	5.1	0.1393	876.23	17.10	0.188
非金属矿物制品	1.106	5813	3.30	0.60	8.80	1.5	0.4771	101.74	16.90	0.434
黑色金属冶炼及压延	0.927	3335	6.50	0.80	14.90	0.4	0.2284	204.77	8.20	0.450
有色金属冶炼及压延	0.898	13922	5.90	0.70	12.00	1.9	0.6318	285.05	12.30	-0.305
通用设备	1.039	13467	8.50	1.60	25.70	4.6	1.4520	4357.03	16.90	0.120
专用设备	1.004	23700	9.80	1.70	26.10	18.0	1.1779	5909.41	20.50	0.156
交通运输设备	1.026	28978	9.50	1.40	40.00	9.8	1.0161	6891.56	15.20	0.187
电气机械及器材	1.078	46209	6.80	1.50	28.90	21.6	2.6708	18647.57	18.10	0.421
通信设备、计算机及其他	1.112	5744	7.10	1.30	28.70	8.5	1.2348	34405.60	12.00	0.208

资料来源：国家统计局。

附表9 分行业工业发展主要指标（2009年）

工业行业	SML 生产效率指数	专利申请数（项）	R&D 人员占从业人员比重（%）	R&D 经费占产品销售收入比重（%）	新产品销售收入占比（%）	工业能源效率（万元/吨标准煤）	废水排放产出强度（万元/吨）	废气排放产出强度（万元/吨）	工业总产值增长率（%）	贸易竞争力指数
食品饮料	1.181	4535	1.80	0.60	8.30	7.0	0.1574	1119.27	14.87	0.633
纺织业	1.104	5382	1.50	0.67	14.88	3.1	0.0910	849.69	8.50	0.639

工业行业	SML生产效率指数	专利申请数（项）	R&D人员占从业人员比重（%）	R&D经费占产品销售收入比重（%）	新产品销售收入占比（%）	工业能源效率（万元/吨标准煤）	废水排放产出强度（万元/吨）	废气排放产出强度（万元/吨）	工业总产值增长率（%）	贸易竞争力指数
纺织服装、鞋、帽	1.120	1530	0.55	0.34	9.79	12.3	0.6610	7851.42	9.90	0.968
石油加工、炼焦及核燃料	1.000	395	1.88	0.18	3.32	1.3	0.3305	357.29	5.20	−0.213
化学原料及化学制品	1.102	5917	4.49	1.08	14.98	1.1	0.1313	400.03	14.60	−0.268
医药	1.219	4785	7.01	1.83	22.88	5.9	0.1665	1130.91	14.80	0.112
非金属矿物制品	1.195	5283	2.05	0.69	9.76	1.4	0.7065	144.26	14.70	0.424
黑色金属冶炼及压延	0.973	4824	3.38	0.84	13.05	0.3	0.3756	278.06	9.90	0.020
有色金属冶炼及压延	1.028	3178	3.43	0.78	11.09	2.1	0.7925	347.46	12.80	−0.524
通用设备	1.129	10618	5.90	1.80	28.09	5.2	1.9190	5587.48	11.00	0.059
专用设备	1.144	9627	6.37	2.33	29.36	21.8	1.4201	4080.77	13.00	0.130
交通运输设备	1.313	19131	5.42	1.44	45.50	10.5	1.4185	10569.97	18.40	0.120
电气机械及器材	1.151	22541	4.91	1.68	30.67	21.2	3.5488	29282.61	12.00	0.387
通信设备、计算机及其他	1.117	40263	4.95	1.42	26.96	9.8	1.2938	43360.49	5.30	0.201

资料来源：国家统计局。

附表10　分行业工业发展主要指标（2010年）

工业行业	SML生产效率指数	专利申请数（项）	R&D人员占从业人员比重（%）	R&D经费占产品销售收入比重（%）	新产品销售收入占比（%）	工业能源效率（万元/吨标准煤）	废水排放产出强度（万元/吨）	废气排放产出强度（万元/吨）	工业总产值增长率（%）	贸易竞争力指数
食品饮料	1.307	5744	1.19	0.52	7.65	10	0.2012	1385.25	14.93	−0.06
纺织业	0.934	6388	1.06	0.63	17.62	5	0.0941	934.60	11.60	0.66

工业行业	SML生产效率指数	专利申请数（项）	R&D人员占从业人员比重（%）	R&D经费占产品销售收入比重（%）	新产品销售收入占比（%）	工业能源效率（万元/吨标准煤）	废水排放产出强度（万元/吨）	废气排放产出强度（万元/吨）	工业总产值增长率（%）	贸易竞争力指数
纺织服装、鞋、帽	0.732	1907	0.42	0.32	9.43	16	0.8856	9519.35	15.00	0.96
石油加工、炼焦及核燃料	1.000	558	1.53	0.16	2.90	2	0.3117	343.54	9.60	-0.21
化学原料及化学制品	1.222	5743	3.29	1.02	13.90	2	0.1263	375.15	15.50	-0.25
医药	1.051	5767	3.28	1.82	24.86	8	0.1902	1259.96	15.20	0.16
非金属矿物制品	1.127	5192	1.48	0.18	9.10	1	0.8544	163.73	20.30	0.38
黑色金属冶炼及压延	1.015	5813	2.45	2.29	12.52	1	0.3629	240.23	11.60	0.19
有色金属冶炼及压延	1.093	3335	2.54	1.69	12.50	2	0.6774	262.40	13.20	-0.51
通用设备	0.944	13922	4.45	1.59	26.79	11	2.3640	6111.19	21.70	0.04
专用设备	1.016	13467	5.12	2.04	28.01	12	1.9286	4791.46	20.60	0.06
交通运输设备	1.143	23700	4.47	1.31	38.66	15	1.8541	14340.39	22.40	0.08
电气机械及器材	1.074	28978	3.87	1.59	32.18	20	3.1695	27356.40	18.70	0.40
通信设备、计算机及其他	1.274	46209	4.59	1.42	27.58	22	1.3672	75649.05	16.90	0.06

资料来源：国家统计局。

附表11 分行业工业发展主要指标（2011年）

工业行业	SML生产效率指数	专利申请数（项）	R&D人员占从业人员比重（%）	R&D经费占产品销售收入比重（%）	新产品销售收入占比（%）	工业能源效率（万元/吨标准煤）	废水排放产出强度（万元/吨）	废气排放产出强度（万元/吨）	工业总产值增长率（%）	贸易竞争力指数
食品饮料	1.014	10394	1.40	0.32	0.042	12.15	2497.50	1267.48	16.70	0.32
纺织业	1.228	12711	1.25	0.42	0.101	4.69	1220.53	1079.39	8.30	0.64

工业行业	SML生产效率指数	专利申请数（项）	R&D人员占从业人员比重（%）	R&D经费占产品销售收入比重（%）	新产品销售收入占比（%）	工业能源效率（万元/吨标准煤）	废水排放产出强度（万元/吨）	废气排放产出强度（万元/吨）	工业总产值增长率（%）	贸易竞争力指数
纺织服装、鞋、帽	1.086	3565	0.57	0.22	0.061	17.33	6567.60	6776.23	15.60	0.96
石油加工、炼焦及核燃料	1.000	1055	1.87	0.17	0.031	1.88	4034.01	397.29	7.60	−0.08
化学原料及化学制品	1.368	18436	3.91	0.78	0.107	1.60	1921.27	434.58	14.70	0.12
医药	1.260	11115	6.77	1.46	0.160	9.57	3000.36	1400.64	17.90	0.68
非金属矿物制品	1.431	9136	1.47	0.36	0.037	1.25	14401.40	186.19	18.40	0.13
黑色金属冶炼及压延	1.092	8381	3.34	0.78	0.104	0.99	4820.74	232.05	9.70	−0.08
有色金属冶炼及压延	1.298	6519	3.13	0.52	0.093	2.27	9472.63	277.21	13.60	−0.07
通用设备	1.293	33060	4.19	1.01	0.148	10.44	33337.38	14760.32	17.40	0.02
专用设备	1.238	32022	5.85	1.40	0.172	13.65	39917.40	15680.27	19.80	0.11
交通运输设备	1.204	38829	4.99	1.25	0.319	15.77	47275.48	36962.75	12.00	0.25
电气机械及器材	1.219	57713	4.56	1.25	0.220	21.91	51791.23	52900.77	14.50	0.54
通信设备、计算机及其他	1.104	71890	4.80	1.48	0.287	24.74	14434.49	81592.82	15.90	0.33

资料来源：国家统计局。

附表12　分行业工业发展主要指标（2012 年）

工业行业	SML生产效率指数	专利申请数（项）	R&D人员占从业人员比重（%）	R&D经费占产品销售收入比重（%）	新产品销售收入占比（%）	工业能源效率（万元/吨标准煤）	废水排放产出强度（万元/吨）	废气排放产出强度（万元/吨）	工业总产值增长率（%）	贸易竞争力指数
食品饮料	1.179	10643	1.08	1.08	0.048	14.18	2738.776	1533.64	12.63	0.1602
纺织业	1.162	12082	0.98	0.98	0.105	5.17	1620.611	1218.71	12.20	−0.0564

续表

工业行业	SML生产效率指数	专利申请数（项）	R&D人员占从业人员比重（%）	R&D经费占产品销售收入比重（%）	新产品销售收入占比（%）	工业能源效率（万元/吨标准煤）	废水排放产出强度（万元/吨）	废气排放产出强度（万元/吨）	工业总产值增长率（%）	贸易竞争力指数
纺织服装、鞋、帽	1.202	6951	0.69	0.69	0.073	19.53	9818.729	10080.01	7.20	-0.0322
石油加工、炼焦及核燃料	1.008	1441	1.61	1.61	0.044	2.12	5053.154	479.12	6.30	0.1602
化学原料及化学制品	1.045	23143	3.23	3.23	0.116	1.87	1689.509	548.66	11.70	-0.0564
医药	1.036	14976	5.57	5.57	0.169	10.51	3568.445	1571.78	14.50	-0.0018
非金属矿物制品	1.039	11711	1.47	1.47	0.041	1.52	5419.431	224.13	11.20	0.4380
黑色金属冶炼及压延	1.335	12112	5.28	5.28	0.106	1.28	348.712	316.85	9.50	0.0450
有色金属冶炼及压延	0.881	8026	1.59	1.59	0.097	2.72	4108.300	352.51	13.20	0.0146
通用设备	1.161	42136	3.96	3.96	0.165	10.93	44095.608	16601.81	8.40	0.2354
专用设备	1.040	43050	4.95	4.95	0.180	15.90	44904.099	14557.44	8.90	-0.1749
交通运输设备	1.025	47433	4.47	4.47	0.284	24.10	27039.989	21419.75	6.50	0.1602
电气机械及器材	1.027	82406	3.85	3.85	0.216	23.87	59768.342	51650.42	9.70	0.1602
通信设备、计算机及其他	1.046	74811	4.53	4.53	0.276	26.64	13293.520	94601.92	12.10	-0.0023

资料来源：国家统计局。

附录 3　工业地区发展指数

附表 13　工业发展指数

年份 / 地区	2005	2006	2007	2008	2009	2010	2011	2012
北京	0.602	0.546	0.622	0.669	0.649	0.695	0.708	0.719
天津	0.617	0.580	0.576	0.636	0.632	0.643	0.659	0.642
河北	0.445	0.452	0.449	0.395	0.468	0.451	0.461	0.474
山西	0.461	0.471	0.485	0.466	0.473	0.513	0.519	0.461
内蒙古	0.593	0.518	0.512	0.519	0.569	0.521	0.608	0.499
辽宁	0.450	0.449	0.486	0.478	0.509	0.516	0.515	0.461
吉林	0.447	0.489	0.536	0.483	0.561	0.551	0.520	0.480
黑龙江	0.554	0.595	0.595	0.590	0.589	0.646	0.636	0.500
上海	0.551	0.561	0.569	0.558	0.607	0.648	0.627	0.607
江苏	0.477	0.499	0.513	0.513	0.573	0.550	0.544	0.545
浙江	0.490	0.500	0.523	0.522	0.557	0.584	0.583	0.575
安徽	0.438	0.470	0.500	0.494	0.572	0.572	0.572	0.550
福建	0.480	0.496	0.520	0.511	0.535	0.576	0.563	0.542
江西	0.521	0.490	0.496	0.442	0.622	0.521	0.469	0.484
山东	0.491	0.474	0.478	0.506	0.529	0.529	0.503	0.490
河南	0.524	0.482	0.500	0.477	0.496	0.511	0.456	0.466
湖北	0.463	0.509	0.525	0.537	0.574	0.600	0.561	0.531

205

年份 地区	2005	2006	2007	2008	2009	2010	2011	2012
湖南	0.564	0.522	0.556	0.550	0.660	0.637	0.575	0.564
广东	0.566	0.560	0.605	0.592	0.645	0.635	0.656	0.630
广西	0.512	0.501	0.491	0.430	0.509	0.513	0.534	0.478
海南	0.541	0.525	0.477	0.470	0.529	0.549	0.594	0.542
重庆	0.509	0.568	0.563	0.564	0.759	0.628	0.662	0.559
四川	0.524	0.555	0.540	0.507	0.533	0.531	0.526	0.520
贵州	0.484	0.520	0.553	0.518	0.512	0.580	0.523	0.609
云南	0.533	0.544	0.529	0.528	0.538	0.523	0.548	0.532
陕西	0.563	0.600	0.641	0.549	0.599	0.632	0.582	0.592
甘肃	0.428	0.460	0.474	0.458	0.473	0.492	0.497	0.461
青海	0.522	0.572	0.573	0.522	0.521	0.514	0.571	0.449
宁夏	0.417	0.420	0.468	0.465	0.480	0.476	0.473	0.463
新疆	0.547	0.565	0.511	0.520	0.491	0.540	0.516	0.481

附表 14 工业发展定基指数（2005 年＝100）

年份 地区	2005	2006	2007	2008	2009	2010	2011	2012
北京	100	90.8	103.4	111.1	107.9	115.4	117.6	119.4
天津	100	94.0	93.2	103.0	102.3	104.1	106.8	104.0
河北	100	101.4	100.7	88.7	105.2	101.3	103.4	106.5
山西	100	102.1	105.2	101.1	102.6	111.3	112.6	100.1
内蒙古	100	87.5	86.4	87.5	95.9	88.0	102.6	84.1
辽宁	100	99.8	107.9	106.1	112.9	114.6	114.3	102.4
吉林	100	109.4	120.0	108.1	125.7	123.3	116.5	107.4
黑龙江	100	107.4	107.5	106.4	106.3	116.6	114.8	90.3
上海	100	101.7	103.2	101.3	110.2	117.6	113.7	110.1
江苏	100	104.7	107.6	107.7	120.3	115.4	114.1	114.4
浙江	100	102.0	106.7	106.6	113.7	119.1	118.9	117.3
安徽	100	107.3	114.2	112.8	130.6	130.6	130.7	125.7
福建	100	103.4	108.4	106.6	111.5	120.1	117.5	113.1
江西	100	94.0	95.1	84.8	119.2	99.9	89.9	92.8

年份\地区	2005	2006	2007	2008	2009	2010	2011	2012
山东	100	96.6	97.4	103.1	107.8	107.7	102.5	99.8
河南	100	92.0	95.5	91.1	94.5	97.5	87.0	88.9
湖北	100	109.9	113.4	115.9	124.0	129.6	121.1	114.6
湖南	100	92.6	98.7	97.6	117.0	113.0	102.0	100.1
广东	100	98.8	106.8	104.6	113.9	112.1	115.8	111.3
广西	100	97.8	95.9	83.9	99.4	100.2	104.4	93.4
海南	100	97.0	88.2	86.9	97.9	101.6	109.9	100.2
重庆	100	111.6	110.7	110.9	149.2	123.4	130.2	109.9
四川	100	105.9	103.1	96.8	101.7	101.4	100.5	99.3
贵州	100	107.5	114.3	107.0	105.8	119.8	108.0	125.9
云南	100	102.0	99.2	99.0	100.9	98.0	102.8	99.7
陕西	100	106.6	113.8	97.6	106.5	112.2	103.5	105.1
甘肃	100	107.4	110.6	106.9	110.3	114.7	115.9	107.6
青海	100	109.6	109.8	100.1	99.8	98.6	109.4	86.0
宁夏	100	100.8	112.2	111.6	115.2	114.3	113.6	111.1
新疆	100	103.3	93.4	95.0	89.8	98.7	94.3	87.9

附表15 工业发展环比指数（2005年＝100）

年份\地区	2005	2006	2007	2008	2009	2010	2011	2012
北京	100	90.8	113.9	107.5	97.1	107.0	101.9	101.6
天津	100	94.0	99.2	110.5	99.3	101.7	102.6	97.4
河北	100	101.4	99.3	88.0	118.6	96.3	102.2	102.9
山西	100	102.1	103.0	96.1	101.5	108.5	101.1	88.9
内蒙古	100	87.5	98.8	101.3	109.6	91.7	116.6	82.0
辽宁	100	99.8	108.1	98.3	106.4	101.5	99.7	89.6
吉林	100	109.4	109.7	90.1	116.3	98.1	94.5	92.2
黑龙江	100	107.4	100.1	99.0	99.9	109.6	98.5	78.6
上海	100	101.7	101.5	98.1	108.8	106.7	96.7	96.8
江苏	100	104.7	102.8	100.0	111.7	96.0	98.8	100.3

续表

年份\地区	2005	2006	2007	2008	2009	2010	2011	2012
浙江	100	102.0	104.6	99.9	106.7	104.7	99.9	98.7
安徽	100	107.3	106.4	98.8	115.8	100.0	100.1	96.2
福建	100	103.4	104.8	98.4	104.5	107.8	97.8	96.3
江西	100	94.0	101.2	89.2	140.6	83.8	90.0	103.1
山东	100	96.6	100.9	105.8	104.6	100.0	95.1	97.4
河南	100	92.0	103.8	95.4	103.8	103.2	89.2	102.2
湖北	100	109.9	103.2	102.2	107.0	104.5	93.4	94.6
湖南	100	92.6	106.6	98.9	119.9	96.6	90.3	98.1
广东	100	98.8	108.1	97.9	108.9	98.5	103.2	96.1
广西	100	97.8	98.0	87.5	118.4	100.8	104.2	89.5
海南	100	97.0	90.9	98.6	112.6	103.8	108.2	91.2
重庆	100	111.6	99.2	100.2	134.6	82.7	105.5	84.5
四川	100	105.9	97.4	93.9	105.0	99.8	99.1	98.8
贵州	100	107.5	106.3	93.7	98.9	113.2	90.2	116.6
云南	100	102.0	97.2	99.8	101.9	97.1	104.8	97.0
陕西	100	106.6	106.8	85.7	109.1	105.4	92.2	101.6
甘肃	100	107.4	102.9	96.7	103.2	104.0	101.0	92.9
青海	100	109.6	100.2	91.2	99.6	98.8	111.0	78.6
宁夏	100	100.8	111.3	99.4	103.3	99.2	99.4	97.8
新疆	100	103.3	90.5	101.6	94.5	109.9	95.6	93.2

附表16　SML指数

年份\地区	2005	2006	2007	2008	2009	2010	2011	2012
北京	1.241	1.068	1.113	1.133	1.069	1.112	1.052	1.043
天津	1.052	1.113	1.087	1.147	1.063	1.028	1.144	1.071
河北	1.013	1.020	1.023	0.875	1.052	1.001	1.055	1.092
山西	1.016	1.020	1.036	0.997	0.997	1.085	1.111	1.004
内蒙古	1.315	1.085	1.000	1.052	1.184	1.026	1.384	1.019
辽宁	0.950	1.017	1.047	1.032	1.041	1.065	1.144	1.026

年份 地区	2005	2006	2007	2008	2009	2010	2011	2012
吉林	0.947	1.037	1.163	1.015	1.093	1.120	1.151	1.037
黑龙江	0.878	0.978	1.013	0.957	1.028	1.084	1.135	0.866
上海	1.041	1.051	1.068	1.084	1.064	1.148	1.106	1.034
江苏	1.020	1.077	1.070	1.022	1.114	1.006	1.055	1.031
浙江	1.033	1.047	1.096	1.051	1.054	1.074	1.110	1.043
安徽	0.921	0.999	1.032	0.977	1.100	1.087	1.126	1.017
福建	1.000	1.041	1.094	1.043	1.020	1.113	1.123	1.042
江西	1.046	0.951	0.985	0.776	1.330	1.040	1.045	1.100
山东	1.033	0.978	0.989	1.033	1.041	0.988	1.044	1.024
河南	1.175	0.979	1.049	0.945	0.970	1.023	0.971	0.997
湖北	0.955	1.048	1.067	1.052	1.071	1.169	1.144	1.069
湖南	1.140	1.006	1.045	0.959	1.063	1.015	1.097	1.060
广东	1.107	1.031	1.098	1.041	1.088	1.022	1.189	1.047
广西	1.050	1.038	0.974	0.823	1.047	1.001	1.188	1.022
海南	1.112	1.180	1.130	1.096	1.080	1.124	1.178	1.025
重庆	0.929	1.061	0.992	0.956	1.439	1.031	1.238	0.986
四川	1.074	1.089	1.050	1.008	1.049	1.043	1.124	1.036
贵州	1.005	0.979	1.107	1.002	0.987	1.027	1.064	1.234
云南	1.038	1.109	1.003	1.081	1.060	1.016	1.078	1.034
陕西	1.026	1.169	1.309	0.937	1.090	1.094	1.014	1.070
甘肃	0.994	1.027	1.045	1.036	1.039	1.076	1.158	1.043
青海	1.067	1.164	1.166	1.066	1.115	1.055	1.276	0.994
宁夏	1.000	1.003	1.096	1.093	1.055	1.045	1.046	1.031
新疆	1.127	1.135	0.951	1.021	0.983	1.058	1.025	1.004

附表 17　STC（技术进步）指数

年份 地区	2005	2006	2007	2008	2009	2010	2011	2012
北京	1.204	1.068	1.113	1.133	1.069	1.112	1.052	1.043
天津	1.048	1.008	1.015	1.118	1.063	1.028	1.144	1.071

地区\年份	2005	2006	2007	2008	2009	2010	2011	2012
河北	1.052	1.000	1.011	1.000	1.016	1.018	1.171	1.042
山西	1.002	1.001	1.004	1.036	1.015	1.011	1.133	1.029
内蒙古	1.315	1.085	1.000	1.052	1.184	1.026	1.384	1.019
辽宁	1.027	1.003	1.006	1.038	1.007	1.009	1.128	1.037
吉林	1.034	1.005	1.008	1.063	1.006	1.018	1.167	1.048
黑龙江	1.002	1.003	1.006	1.015	1.014	1.022	1.172	1.051
上海	1.090	1.026	1.035	1.074	1.077	1.108	1.106	1.034
江苏	1.001	1.002	1.018	1.062	1.064	1.047	1.126	1.037
浙江	1.012	1.004	1.033	1.064	1.071	1.035	1.137	1.049
安徽	1.021	1.000	1.002	1.021	1.012	1.020	1.117	1.046
福建	1.007	1.000	1.002	1.023	1.020	1.113	1.123	1.042
江西	1.104	1.000	1.012	1.008	1.030	1.049	1.151	1.033
山东	1.020	1.000	1.005	1.023	1.023	1.029	1.118	1.048
河南	1.078	1.000	1.028	1.000	1.031	1.014	1.111	1.041
湖北	1.017	1.008	1.010	1.087	1.049	1.008	1.132	1.043
湖南	1.078	1.000	1.020	1.002	1.041	1.027	1.124	1.034
广东	1.005	1.001	1.026	1.041	1.088	1.031	1.178	1.047
广西	1.050	1.038	1.003	1.000	1.044	1.030	1.182	1.027
海南	1.091	1.028	1.020	1.119	1.085	1.056	1.176	1.063
重庆	1.115	1.000	1.022	1.001	1.127	1.031	1.238	1.004
四川	1.009	1.000	1.005	1.003	1.009	1.008	1.104	1.040
贵州	1.004	1.001	1.020	1.028	1.025	1.012	1.085	1.023
云南	1.076	1.037	1.044	1.050	1.064	1.034	1.157	1.044
陕西	1.007	1.013	1.013	1.033	1.047	1.013	1.177	1.051
甘肃	1.010	1.002	1.002	1.059	1.042	1.034	1.112	1.049
青海	1.033	1.040	1.059	1.086	1.107	1.050	1.149	1.049
宁夏	1.006	1.002	1.015	1.067	1.069	1.040	1.101	1.044
新疆	1.153	1.110	1.104	1.084	1.096	1.047	1.133	1.043

附表 18　SEC（技术效率）指数

地区＼年份	2005	2006	2007	2008	2009	2010	2011	2012
北京	1.031	1.000	1.000	1.000	1.000	1.000	1.000	1.000
天津	1.004	1.103	1.071	1.026	1.000	1.000	1.000	1.000
河北	0.963	1.020	1.012	0.875	1.035	0.982	0.901	1.048
山西	1.013	1.019	1.032	0.962	0.981	1.073	0.980	0.976
内蒙古	1.000	1.000	1.000	1.000	1.000	1.000	1.000	1.000
辽宁	0.925	1.014	1.041	0.994	1.034	1.056	1.014	0.990
吉林	0.916	1.032	1.154	0.955	1.086	1.101	0.986	0.990
黑龙江	0.876	0.975	1.007	0.942	1.014	1.061	0.969	0.824
上海	0.955	1.025	1.032	1.010	0.988	1.037	1.000	1.000
江苏	1.020	1.075	1.051	0.962	1.047	0.961	0.937	0.993
浙江	1.021	1.042	1.060	0.988	0.984	1.038	0.976	0.994
安徽	0.902	0.999	1.030	0.957	1.086	1.066	1.008	0.973
福建	0.994	1.041	1.092	1.020	1.000	1.000	1.000	1.000
江西	0.948	0.951	0.973	0.770	1.291	0.991	0.907	1.065
山东	1.013	0.978	0.984	1.010	1.017	0.960	0.934	0.977
河南	1.090	0.979	1.021	0.945	0.941	1.009	0.874	0.958
湖北	0.940	1.040	1.056	0.968	1.021	1.159	1.011	1.025
湖南	1.057	1.006	1.024	0.957	1.021	0.988	0.976	1.025
广东	1.101	1.031	1.070	1.000	1.000	0.991	1.009	1.000
广西	1.000	1.000	0.971	0.823	1.003	0.972	1.005	0.995
海南	1.019	1.147	1.108	0.979	0.995	1.065	1.001	0.964
重庆	0.833	1.061	0.971	0.955	1.277	1.000	1.000	0.982
四川	1.064	1.089	1.044	1.005	1.040	1.035	1.018	0.996
贵州	1.001	0.978	1.085	0.975	0.963	1.014	0.980	1.206
云南	0.964	1.069	0.961	1.029	0.997	0.983	0.932	0.990
陕西	1.019	1.154	1.292	0.907	1.041	1.080	0.862	1.018
甘肃	0.985	1.025	1.042	0.978	0.998	1.040	1.042	0.994
青海	1.033	1.119	1.101	0.982	1.007	1.005	1.110	0.947
宁夏	0.994	1.001	1.079	1.025	0.987	1.005	0.950	0.988
新疆	0.977	1.023	0.861	0.942	0.897	1.011	0.905	0.963

附表19　增速效益指数

年份 地区	2005	2006	2007	2008	2009	2010	2011	2012
北京	0.212	0.153	0.184	0.109	0.174	0.195	0.187	0.201
天津	0.283	0.247	0.212	0.220	0.216	0.286	0.286	0.280
河北	0.306	0.318	0.307	0.227	0.240	0.230	0.221	0.199
山西	0.400	0.384	0.400	0.340	0.280	0.378	0.373	0.275
内蒙古	0.504	0.481	0.541	0.452	0.428	0.481	0.453	0.403
辽宁	0.191	0.161	0.201	0.142	0.163	0.210	0.193	0.149
吉林	0.244	0.261	0.314	0.228	0.263	0.276	0.247	0.227
黑龙江	0.767	0.816	0.745	0.731	0.531	0.616	0.616	0.477
上海	0.192	0.171	0.163	0.098	0.143	0.215	0.183	0.171
江苏	0.162	0.156	0.145	0.149	0.152	0.145	0.146	0.137
浙江	0.174	0.157	0.158	0.121	0.148	0.177	0.175	0.154
安徽	0.272	0.273	0.267	0.254	0.285	0.285	0.228	0.219
福建	0.218	0.240	0.267	0.221	0.227	0.265	0.233	0.227
江西	0.353	0.304	0.273	0.269	0.273	0.249	0.237	0.229
山东	0.264	0.246	0.211	0.189	0.177	0.175	0.165	0.159
河南	0.375	0.397	0.372	0.341	0.325	0.325	0.266	0.235
湖北	0.274	0.331	0.315	0.305	0.323	0.322	0.253	0.221
湖南	0.378	0.360	0.362	0.357	0.340	0.359	0.305	0.289
广东	0.206	0.187	0.190	0.176	0.182	0.205	0.184	0.173
广西	0.390	0.374	0.401	0.290	0.308	0.378	0.311	0.262
海南	0.376	0.421	0.293	0.258	0.405	0.420	0.414	0.354
重庆	0.279	0.286	0.312	0.284	0.403	0.333	0.300	0.243
四川	0.304	0.325	0.302	0.275	0.272	0.316	0.290	0.310
贵州	0.384	0.390	0.405	0.370	0.321	0.385	0.367	0.409
云南	0.615	0.577	0.555	0.480	0.508	0.540	0.498	0.461
陕西	0.570	0.549	0.518	0.553	0.458	0.537	0.547	0.506
甘肃	0.226	0.269	0.304	0.202	0.280	0.284	0.240	0.224
青海	0.560	0.618	0.613	0.561	0.455	0.521	0.500	0.365
宁夏	0.211	0.218	0.281	0.216	0.281	0.294	0.269	0.195
新疆	0.652	0.734	0.676	0.624	0.482	0.600	0.559	0.472

附表 20　绿色发展指数

地区 \ 年份	2005	2006	2007	2008	2009	2010	2011	2012
北京	0.327	0.409	0.505	0.595	0.643	0.804	0.795	0.871
天津	0.249	0.314	0.367	0.441	0.535	0.603	0.531	0.622
河北	0.058	0.067	0.080	0.114	0.138	0.159	0.177	0.206
山西	0.055	0.057	0.075	0.090	0.096	0.101	0.134	0.136
内蒙古	0.057	0.071	0.104	0.127	0.165	0.165	0.197	0.240
辽宁	0.094	0.112	0.134	0.160	0.184	0.220	0.287	0.284
吉林	0.090	0.116	0.151	0.195	0.245	0.327	0.268	0.309
黑龙江	0.147	0.159	0.179	0.207	0.278	0.330	0.252	0.184
上海	0.325	0.342	0.409	0.454	0.470	0.546	0.539	0.564
江苏	0.188	0.214	0.254	0.291	0.343	0.392	0.349	0.396
浙江	0.208	0.224	0.258	0.305	0.327	0.362	0.416	0.473
安徽	0.087	0.101	0.119	0.149	0.175	0.212	0.258	0.316
福建	0.205	0.226	0.245	0.288	0.301	0.343	0.412	0.427
江西	0.077	0.095	0.121	0.160	0.197	0.257	0.243	0.272
山东	0.177	0.198	0.222	0.239	0.270	0.288	0.286	0.293
河南	0.066	0.079	0.106	0.128	0.147	0.169	0.169	0.268
湖北	0.076	0.085	0.106	0.131	0.163	0.200	0.227	0.280
湖南	0.085	0.097	0.115	0.165	0.215	0.281	0.264	0.256
广东	0.305	0.330	0.361	0.429	0.479	0.537	0.540	0.594
广西	0.063	0.076	0.089	0.108	0.120	0.140	0.176	0.196
海南	0.085	0.107	0.148	0.167	0.164	0.186	0.192	0.211
重庆	0.081	0.090	0.110	0.138	0.176	0.230	0.437	0.497
四川	0.068	0.097	0.117	0.131	0.154	0.197	0.231	0.274
贵州	0.051	0.062	0.080	0.105	0.101	0.113	0.094	0.104
云南	0.079	0.088	0.100	0.125	0.137	0.157	0.125	0.163
陕西	0.108	0.125	0.139	0.170	0.250	0.332	0.261	0.317
甘肃	0.052	0.063	0.078	0.093	0.109	0.133	0.109	0.126
青海	0.075	0.078	0.090	0.106	0.116	0.127	0.102	0.115
宁夏	0.004	0.008	0.013	0.022	0.030	0.037	0.034	0.046
新疆	0.107	0.114	0.123	0.116	0.111	0.112	0.085	0.081

附表21　技术创新指数

年份\地区	2005	2006	2007	2008	2009	2010	2011	2012
北京	0.424	0.422	0.556	0.707	0.628	0.638	0.753	0.750
天津	0.646	0.458	0.472	0.570	0.596	0.575	0.550	0.526
河北	0.188	0.188	0.176	0.196	0.242	0.232	0.208	0.220
山西	0.159	0.200	0.209	0.227	0.298	0.260	0.241	0.236
内蒙古	0.212	0.207	0.204	0.237	0.272	0.228	0.167	0.187
辽宁	0.345	0.291	0.339	0.361	0.427	0.371	0.268	0.246
吉林	0.294	0.317	0.287	0.307	0.437	0.322	0.244	0.220
黑龙江	0.256	0.245	0.262	0.295	0.355	0.390	0.346	0.311
上海	0.473	0.503	0.488	0.468	0.607	0.560	0.561	0.564
江苏	0.340	0.350	0.393	0.419	0.498	0.512	0.463	0.475
浙江	0.352	0.378	0.388	0.437	0.517	0.543	0.479	0.509
安徽	0.269	0.289	0.352	0.383	0.481	0.475	0.463	0.477
福建	0.314	0.298	0.293	0.333	0.423	0.415	0.354	0.363
江西	0.359	0.382	0.380	0.394	0.416	0.361	0.200	0.186
山东	0.295	0.298	0.318	0.376	0.440	0.485	0.353	0.330
河南	0.227	0.258	0.257	0.298	0.337	0.326	0.243	0.226
湖北	0.322	0.330	0.368	0.418	0.492	0.465	0.402	0.375
湖南	0.381	0.386	0.450	0.495	0.745	0.669	0.433	0.450
广东	0.457	0.514	0.580	0.572	0.671	0.656	0.574	0.613
广西	0.300	0.282	0.284	0.313	0.332	0.323	0.247	0.256
海南	0.334	0.165	0.141	0.172	0.265	0.263	0.362	0.380
重庆	0.493	0.548	0.570	0.618	0.667	0.669	0.500	0.427
四川	0.385	0.441	0.440	0.388	0.422	0.366	0.274	0.303
贵州	0.262	0.399	0.359	0.363	0.402	0.528	0.326	0.404
云南	0.188	0.181	0.248	0.218	0.242	0.198	0.272	0.274
陕西	0.321	0.310	0.325	0.347	0.401	0.398	0.341	0.322
甘肃	0.220	0.252	0.242	0.276	0.249	0.260	0.242	0.245
青海	0.168	0.188	0.189	0.154	0.182	0.161	0.159	0.140
宁夏	0.211	0.212	0.222	0.265	0.296	0.279	0.290	0.328
新疆	0.101	0.080	0.128	0.134	0.197	0.186	0.187	0.166

附录4 工业总体发展数据附表

附表22 2000~2013年全部工业增加值增速和工业占GDP比重情况

单位:%

年份	工业增加值增速	工业 GDP 占比
2000	9.8	40.4
2001	8.7	39.7
2002	10	39.4
2003	12.8	40.5
2004	11.5	40.8
2005	11.6	41.8
2006	12.9	42.2
2007	14.9	41.6
2008	9.9	41.5
2009	8.7	39.7
2010	12.1	40.1
2011	10.4	40.0
2012	7.7	38.5
2013	7.6	37.0

附表23　2010～2013年规模以上工业增加值分月增速

单位：%

月份 \ 年份	2010	2011	2012	2013
1～2月	20.7	14.1	11.4	9.9
3月	18.1	14.8	11.9	8.9
4月	17.8	13.4	9.3	9.3
5月	16.5	13.3	9.6	9.2
6月	13.7	15.1	9.5	8.9
7月	13.4	14.0	9.2	9.7
8月	13.9	13.5	8.9	10.4
9月	13.3	13.8	9.2	10.2
10月	13.1	13.2	9.6	10.3
11月	13.3	12.4	10.1	10.0
12月	13.5	12.8	10.3	9.7

附表24　2010～2013年主要工业产品产量增速

单位：%

年份	2010	2011	2012	2013
原煤	8.81	8.81	3.69	0.82
原油	6.82	0.23	2.03	0.97
天然气	11.23	8.27	4.41	9.17
卷烟	3.72	3.04	2.81	1.76
纱	14.37	15.37	16.37	17.37
硫酸	18.95	5.53	2.72	5.68
烧碱	21.61	11.00	9.00	6.04
纯碱	4.63	12.74	5.00	1.08
乙烯	32.51	7.47	-2.66	9.13
农用氮、磷、钾化肥	-0.74	-1.97	17.43	-3.55
化学纤维	12.47	9.71	12.09	8.47
水泥	14.47	11.55	5.28	9.50
粗钢	11.37	7.54	4.65	8.63
十种有色金属	17.84	10.08	6.89	10.42
汽车	32.40	0.83	4.67	14.73
大中型拖拉机	-9.29	19.33	15.20	26.78

年份	2010	2011	2012	2013
家用电冰箱	23.02	19.24	-3.13	9.90
房间空气调节器	34.78	27.78	-4.54	-1.69
移动通信手持机	46.39	13.45	4.32	23.20
微型计算机设备	34.97	30.31	10.53	-4.94
彩色电视机	19.51	3.39	4.84	-0.37
发电量	13.26	12.02	4.77	9.31

附表25 2001~2011年工业万元增加值能耗和降速

年份	万元增加值能耗 （吨标煤）	万元增加值能耗 （降速%）	工业能耗比重（%）	制造业能耗 （比重%）
2001	2.3	5.4	68.6	—
2002	2.2	2.7	68.6	—
2003	2.2	-1.0	69.6	—
2004	2.2	0.9	70.5	—
2005	2.2	0.6	71.5	—
2006	2.0	7.3	71.5	—
2007	1.8	10.4	71.5	—
2008	1.6	11.4	71.8	59.1
2009	1.6	-0.9	71.5	58.9
2010	1.4	11.4	71.1	58.0
2011	1.2	14.2	70.8	57.6

附表26 2000~2012年工业万元增加值用水量

单位：立方米

年份	单位工业增加值用水量
2000	285
2001	262
2002	239
2003	218
2004	204
2005	166

年份	单位工业增加值用水量
2006	154
2007	140
2008	127
2009	116
2010	108
2011	82
2012	72

附表 27　2000～2012 年工业万元增加值废水排放量

单位：吨

年份	万元增加值废水排放量
2000	48.51
2001	46.49
2002	43.68
2003	38.64
2004	33.91
2005	31.48
2006	26.31
2007	22.31
2008	19.32
2009	17.33
2010	14.78
2011	12.25
2012	11.10

附表 28　2011～2012 年工业万元增加值废气排放量

单位：千克

年份	氮氧化合物排放量	烟粉尘排放量
2011	9.18	6.79
2012	8.30	6.19

附表 29　2001～2012 年工业固体废物综合利用率

单位:%

年份	工业固体废物综合利用率
2001	52.1
2002	51.9
2003	54.8
2004	55.7
2005	56.1
2006	60.2
2007	62.1
2008	64.3
2009	67.0
2010	66.7
2011	59.8
2012	60.9

附表 30　规模以上工业企业当月增加值累计增速

单位:%

时间	规模以上工业企业	采矿业	制造业	电力、热力、燃气及水生产和供应业
2013 - 01	9.8	—	—	—
2013 - 02	9.9	—	—	—
2013 - 03	9.5	—	—	—
2013 - 04	9.4	—	—	—
2013 - 05	9.4	—	—	—
2013 - 06	9.3	7.3	10.0	5.0
2013 - 07	9.4	7.1	10.1	5.5
2013 - 08	9.5	6.9	10.2	6.5
2013 - 09	9.6	6.7	10.3	6.8
2013 - 10	9.7	6.5	10.4	6.9
2013 - 11	9.7	6.4	10.5	6.9
2013 - 12	9.7	6.4	10.5	6.8

附表 31　规模以上工业企业当月增加值累计增速

单位:%

年份　　指标	2012	2013
煤炭开采和洗选业	9.8	5.7
石油和天然气开采业	3.2	2.3
黑色金属矿采选业	20.6	15
有色金属矿采选业	15.3	9.5
非金属矿采选业	10.2	12
开采辅助活动	14	5.1
其他采矿业	5.5	12.6
农副食品加工业	13.6	9.4
食品制造业	11.8	10
酒、饮料和精制茶制造业	12.5	10.2
烟草制品业	9.3	7.2
纺织业	12.2	8.7
纺织服装、服饰业	7.2	7.2
皮革、毛皮、羽毛及其制品和制鞋业	7.6	8.1
木材加工和木、竹、藤、棕、草制品业	12.4	11.7
家具制造业	11.2	10.2
造纸和纸制品业	8.8	8.4
印刷和记录媒介复制业	10.1	11.9
文教、工美、体育和娱乐用品制造业	11	13.5
石油加工、炼焦和核燃料加工业	6.3	6.1
化学原料和化学制品制造业	11.7	12.1
医药制造业	14.5	13.5
化学纤维制造业	13.1	10.3
橡胶和塑料制品业	10	10.7
非金属矿物制品业	11.2	11.5
黑色金属冶炼和压延加工业	9.5	9.9
有色金属冶炼和压延加工业	13.2	14.6
金属制品业	12.2	12.4
通用设备制造业	8.4	9.2
专用设备制造业	8.9	8.5
汽车制造业	8.6	14.9

年份 指标	2012	2013
铁路、船舶、航空航天和其他运输设备制造业	4.6	4.8
电气机械和器材制造业	9.7	10.9
计算机、通信和其他电子设备制造业	12.1	11.3
仪器仪表制造业	12.7	11.6
其他制造业	10.8	2.3
废弃资源综合利用业	15.1	15.4
金属制品、机械和设备修理业	12	15.5
电力、热力生产和供应业	5	6.2
燃气生产和供应业	11.7	17.4
水的生产和供应业	4.5	6.7

附录5　行业发展数据附表

附表32　中国主要钢铁产品产量与粗钢产量全球占比（2000～2013年）

年份	生铁产量（亿吨）	粗钢产量（亿吨）	成品钢材产量（亿吨）
2000	1.31	1.29	1.31
2005	3.44	3.53	3.78
2006	4.12	4.19	4.69
2007	4.77	4.89	5.66
2008	4.71	5.00	5.82
2009	5.44	5.77	6.96
2010	5.90	6.27	7.96
2011	6.41	6.85	8.86
2012	6.58	7.17	9.53
2013	7.11	8.13	10.82

资料来源：国家统计局。

附表33　2004～2012年钢材进出口情况

单位：万吨

年份	钢材出口数量	钢坯及粗锻件出口数量	钢材进口数量	钢坯及粗锻件进口数量	折粗钢净出口
2004	1423	606	2930	386	−1383
2005	2052	707	2582	131	12

年份	钢材出口数量	钢坯及粗锻件出口数量	钢材进口数量	钢坯及粗锻件进口数量	折粗钢净出口
2006	4301	904	1851	37	3473
2007	6265	643	1687	24	5489
2008	5923	129	1543	25	4760
2009	2460	4	1763	459	286
2010	4256	14	1643	64	2919
2011	4888	—	1558	—	3479
2012	5573	—	1366	—	4438

资料来源：国家统计局。

附表34 重点钢铁企业各主要生产工序能耗情况（2005～2013年）

单位：kgce/t

年份	吨钢综合能耗	吨钢可比能耗	烧结	球团	焦化	炼铁	转炉	电炉	轧钢
2005	694	714.1	64.8	39.96	142.2	456.8	36.3	96.9	76.2
2006	645	623.0	55.6	33.08	123.1	433.1	9.1	81.3	65.0
2007	628	614.6	55.2	30.12	121.7	426.8	6.0	81.3	63.1
2008	629.9	609.6	55.5	30.49	120.0	427.7	5.7	80.8	59.6
2009	619.4	595.4	55.0	29.96	112.3	410.7	3.2	73.4	57.7
2010	604.6	—	52.7	29.1	105.89	407.7	−0.2	74.0	61.1
2011	603.68	—	54.3	29.6	106.65	404.1	−3.21	69.0	60.9
2012	602.71	—	50.60	28.75	102.72	401.82	—	—	—
2013	591.92	—	49.98	28.74	99.87	397.94	−7.33	61.87	59.36

资料来源：中国钢铁工业协会。

附表35 钢铁工业主要经济效益指标

时间	产品销售收入（亿元）	利润总额（亿元）	销售利润率（%）	亏损企业亏损额（亿元）	亏损面（%）	成本费用利润率（%） 钢铁	工业
2006-11	23076	1168	5.1	62	24.0	5.4	6.5
2007-11	31604	1732	5.5	49	16.8	5.8	7.0
2008-11	42080	1475	3.5	187	23.5	3.7	5.9

时间	产品销售收入（亿元）	利润总额（亿元）	销售利润率（%）	亏损企业亏损额（亿元）	亏损面（%）	成本费用利润率（%）	
						钢铁	工业
2009－11	39154	812	2.1	267	27.1	2.1	5.9
2010－11	49624	1283	2.6	185	17.9	2.7	6.8
2011－12	66789	1737	2.6	263	17.3	2.7	7.1
2012－12	70904	1229	1.73	805	19.1	1.8	6.6
2013－12	76317	1695	2.22	447	17.6	2.29	6.6

资料来源：国家统计局。

附表36 钢铁工业固定资产投资完成额及增长率

年份	黑色金属冶炼及压延加工业固定资产投资总额（亿元）	黑色金属冶炼及压延加工业固定资产投资总额增速（%）
2005	2281.49	27.5
2006	2246.5	－2.5
2007	2563.07	12.2
2008	3240.28	23.8
2009	3206.12	－1.3
2010	3465.02	6.1
2011	3860.48	11.4
2012	5055.00	3.0
2013	5060.00	－2.1

资料来源：国家统计局。

附表37 2005年以来铁矿石进口量值与平均价格

年份	铁矿砂及其精矿进口数量（亿吨）	铁矿砂及其精矿进口总值（亿美元）	铁矿砂及其精矿进口平均价格（美元/吨）
2005	2.75	183.7	66.7
2006	3.26	209.2	64.1
2007	3.83	338.0	88.2
2008	4.44	605.3	136.5
2009	6.28	501.4	79.9

年份	铁矿砂及其精矿 进口数量（亿吨）	铁矿砂及其精矿 进口总值（亿美元）	铁矿砂及其精矿 进口平均价格（美元/吨）
2010	6.19	794.3	128.4
2011	6.86	1124.1	163.7
2012	7.44	956.8	128.6
2013	8.19	1061.7	129.6

资料来源：海关总署。

附表38 中国钢铁工业增加值与主要产品产量增速

年份	工业增加值 增速（%）	生铁产量 增速（%）	粗钢产量 增速（%）	成品钢材产量 增速（%）
2006	19.3	19.8	18.5	24.5
2007	21.4	15.2	15.7	22.7
2008	8.2	−0.2	1.1	3.6
2009	9.9	15.9	13.5	18.5
2010	11.6	7.4	9.3	14.7
2011	9.7	8.4	8.9	12.3
2012	9.5	3.7	3.1	7.7
2013	9.9	8.05	7.5	11.4

资料来源：国家统计局。

附表39 中国钢铁工业大中型企业主要技术创新指标

年份	专利申请数（项）	R&D人员占从业 人员比重（%）	R&D经费占产品 销售收入比重（%）
2005	1143	5.9	0.7
2006	1837	6.2	0.8
2007	2787	6.9	0.8
2008	3529	6.5	0.8
2009	4824	3.4	0.8
2010	5813	2.45	0.8
2011	8381	3.34	0.8
2012	12112	5.28	0.8

资料来源：《中国科技统计年鉴》。

附表 40　有色金属工业固定资产投资完成额及增长率

年份	有色金属冶炼及压延加工业固定资产投资总额（亿元）	有色金属冶炼及压延加工业固定资产投资总额增速（%）
2005	761.2	32.9
2006	962.7	26.5
2007	1295.6	34.6
2008	1885.5	45.5
2009	2153.8	14.2
2010	2867.5	33.1
2011	3861.3	34.6
2012	5516	15.5
2013	6608.7	19.8

资料来源：国家统计局。

附表 41　有色金属子行业产品销售收入

单位：亿元

时间	有色金属压延加工业	有色金属冶炼业	有色金属合金制造业
2006 年 1～11 月	4809.75	5298.64	338.54
2007 年 1～11 月	6865.91	7372.59	453.68
2008 年 1～11 月	8461.05	7830.48	589.47
2009 年 1～11 月	8763.70	7235.47	696.89
2010 年 1～11 月	12249.24	10258.59	1008.44
2011 年 1～12 月	16656.02	15005.93	1700.68
2012 年 1～12 月	16663.65	17589.61	2049.00
2013 年 1～12 月	20251.04	18807.8	2793.20

资料来源：国家统计局。

附表 42　有色金属工业主要创新指标

年份	R&D 人员占从业人员比重（%）	R&D 经费占产品销售收入比重（%）	新产品销售收入占产品销售收入比重（%）	专利申请数（件）
2005	5.5	0.8	13.2	1088
2006	6.3	0.7	13.9	1509
2007	5.9	0.6	11.8	2062

年份	R&D 人员占从业人员比重（%）	R&D 经费占产品销售收入比重（%）	新产品销售收入占产品销售收入比重（%）	专利申请数（件）
2008	5.9	0.7	12	3034
2009	3.4	0.8	11.1	3178
2010	2.5	1.7	12.5	3335
2011	3.1	0.5	9.3	6519

附表 43 2013 年机床工具重点子行业进出口情况

企业	生产额（亿美元）	同比（%）	进口额（亿美元）	同比（%）	出口额（亿美元）	同比（%）	消费额（亿美元）	同比（%）
金属加工机床	246.7	-9.8	101.0	-26.0	28.6	4.4	319.1	-16.6
金切机床	146.0	-19.2	79.9	-28.4	18.8	1.3	207.1	-24.4
成形机床	100.7	8.4	21.1	-15.5	9.8	10.7	112.0	2.8

资料来源：中国机床工业行业协会。

附表 44 2013 年车型前十家生产企业销量排名

排名	汽车		乘用车		商用车	
	企业名称	销量（万辆）	企业名称	销量（万辆）	企业名称	销量（万辆）
1	上汽	507.33	上海通用	154.26	北汽福田	65.66
2	东风	353.49	上海大众	152.50	东风公司	55.92
3	一汽	290.81	一汽大众	151.29	江淮	30.32
4	长安	220.33	上海通用五菱	142.56	金杯股份	30.07
5	北汽	211.11	北京现代	103.08	一汽	26.95
6	广汽	100.42	东风日产	92.62	江铃	21.49
7	华晨	77.47	重庆长安	82.22	上汽通用五菱	17.50
8	长城	75.42	长安福特	68.27	重汽	16.52
9	吉利	54.94	长城	62.74	南汽	13.20
10	江淮	51.43	一汽丰田	55.47	重庆长安	12.90
合计（万辆）		1943.05		1605.01	290.53	
占比（%）		88.38		59.40	71.64	

资料来源：中国汽车工业行业协会。

附表 45　2013 年中国造船三大指标

时间	造船完工量			新承接订单量			手持订单量		
	2013 年累计	2012 年累计	同比增长	2013 年累计	2012 年累计	同比增长	2013 年累计	2012 年累计	同比增长
	万载重吨		%	万载重吨		%	万载重吨		%
1～2 月	569	719	−20.9	503	494	1.9	10629	14649	−27.4
1～3 月	945	1121	−15.6	957	559	71.1	10700	14194	−24.6
1～4 月	1378	1565	−11.9	1157	737	57	10473	13924	−24.8
1～5 月	1719	2253	−23.7	1375	954	44.2	10351	13439	−23.0
1～6 月	2060	3220	−36	2290	1074	113	10898	12587	−13.4
1～7 月	2492	3549	−29.8	2976	1164	156	11152	12348	−9.7
1～8 月	2695	3783	−28.7	3491	1459	139	11464	12383	−7.4
1～9 月	3061	4158	−26.4	3806	1541	147	11397	12090	−5.7
1～10 月	3480	4667	−25.4	4644	1642	183	11787	11663	1.1
1～11 月	3886	5055	−23.1	5186	1704	204	11923	11335	5.2
1～12 月	4534	6021	−24.7	6984	2041	242	13100	10659	22.5

资料来源：中国船舶工业行业协会。

附录 46　2013 年世界造船三大指标比较

指标/国家		世界	中国	韩国	日本
2013 年造船完工量	万载重（吨）	10757	4534	3336	2468
	占比重（%）	100	42.1	31.0	22.9
	万修正（总吨）	3657	1288	1252	684
	占比重（%）	100	35.2	34.2	18.7
2013 年新接订单量	万载重（吨）	14477	6984	4419	2260
	占比重（%）	100	48.2	30.5	15.6
	万修正（总吨）	4866	1991	1608	719
	占比重（%）	100	40.9	33.0	14.8
	亿美元	1038	327	411	106
	占比重（%）	100	31.5	39.6	10.2
2013 年手持订单量	万载重（吨）	28430	13100	7641	5443
	占比重（%）	100	46.1	26.9	19.1
	万修正（总吨）	10387	3995	3203	1599
	占比重（%）	100	38.5	30.8	15.4

资料来源：英国克拉克松研究公司。

228

附表47　消费品工业增加值增速

单位:%

年份	2009	2010	2011	2012	2013
增加值增速	10.8	15.3	14.1	11	9.5

附表48　规模以上纺织企业工业增加值增速与主要产品产量增速

单位:%

年份	2007	2008	2009	2010	2011	2012	2013
纺织工业增加值增速	16.5	10.3	9.1	12.7	10.7	10.5	8.3
纱产量增速	18.7	5.0	10.3	13.5	6.7	4.0	7.2
布产量增速	12.8	5.1	9.0	6.2	11.6	11.5	5.7

附表49　医药行业工业增加值增速

单位:%

年份	2007	2008	2009	2010	2011	2012	2013
工业增加值增速	18.3	17.1	14.8	15.2	17.9	14.5	12.7

附表50　食品行业工业增加值增速

单位:%

年份	2006	2007	2008	2009	2010	2011	2012	2013
增速	18.23	19.57	15.83	14.87	14.00	15.00	12.00	9.1

附表51　全国规模以上电子信息制造业增加值月度增速变化情况

单位:%

月份	1~2月	3月	4月	5月	6月	7月	8月	9月	10月	11月	12月
累计增速	13.8	11.5	11.1	11.3	11.4	11.2	11.1	11.1	11.2	11.2	11.3

资料来源:工业和信息化部。

附表 52　主要电子信息产品产量情况

单位:%

年份	2008	2009	2010	2011	2012	2013
手机（万部）	55964	61925	99800	113258	118154	145561
微型计算机（万台）	13667	18215	24600	32037	35411	33661
彩色电视机（万台）	9033	9899	11800	12231	12823	12776
集成电路（亿块）	417	414	653	720	823	867
程控交换机（万线）	4584	4263	3134	3034	2826	3116

资料来源：工业和信息化部。

附表 53　电子信息制造业创新投入与产出情况

年份	2005	2006	2007	2008	2009	2010	2011	2012
专利申请数（项）	12838	19886	27894	30386	40263	46209	71890	74811
R&D 人员占从业人员比重（%）	6.70	6.10	6.70	7.10	4.95	4.59	4.80	4.53
R&D 经费占产品销售收入比重（%）	1.20	1.20	1.20	1.30	1.42	1.42	1.48	4.53
新产品销售收入占比（%）	25.1	24.1	24.9	28.7	27.0	27.6	28.7	27.6

资料来源：国家统计局。

附表 54　2013 年软件业务收入情况

月份	1~2月	3月	4月	5月	6月	7月	8月	9月	10月	11月	12月
累计收入（亿元）	4023	6189	8589	11034	13912	16607	19418	22835	25303	28393	30587
累计增速（%）	25.4	24.7	25.2	24.2	24.5	23.8	24.1	23.6	24.1	24.8	23.4

资料来源：工业和信息化部。

附表 55　2008～2013 年中国软件业规模及比重

年份	软件业		电子信息制造业		软件业占电子信息产业比重（%）
	规模（亿元）	增速（%）	规模（亿元）	增速（%）	
2008	7573	29.8	51253	12.8	12.9
2009	9970	31.7	51305	0.1	16.3
2010	13589	36.3	63945	24.6	17.5
2011	18849	38.7	74909	17.1	20.1
2012	24794	31.5	84619	13.0	22.7
2013	30587	23.4	93202	10.4	24.7

资料来源：工业和信息化部。

附表 56　2013 年软件业收入达百亿规模以上省市统计

序号	地区	规模（亿元）	序号	地区	规模（亿元）
1	江苏省	5177	10	天津市	711
2	广东省	4906	11	湖北省	709
3	北京市	4211	12	陕西省	688
4	辽宁省	2780	13	重庆市	547
5	上海市	2539	14	吉林省	320
6	山东省	2264	15	湖南省	256
7	浙江省	1899	16	河南省	193
8	四川省	1600	17	河北省	134
9	福建省	1014	18	黑龙江省	118

资料来源：工业和信息化部。